EL CRÍTICO COMO ARTISTA

LA DECADENCIA DE LA MENTIRA

AUSTRAL ESENCIALES

BIOGRAFÍA

Oscar Wilde (Dublín, 1854 - París, 1900) está considerado el gran exponente del esteticismo, movimiento que defiende el arte por el arte. Su padre fue un célebre cirujano y escritor de libros de antropología y su madre, poeta revolucionaria y una autoridad en mitología y folklore celta. Novelista, poeta, crítico literario y autor teatral, Oscar Wilde conoció el éxito desde sus comienzos gracias al ingenio punzante y epigramático que derrochó en sus obras, dedicadas casi siempre a fustigar a sus contemporáneos. Sus relatos repletos de diálogos vivos y cargados de ironía provocaron feroces críticas de los sectores conservadores, que se acentuaron cuando Wilde fue acusado y condenado por su homosexualidad, lo que originó el declive de su carrera y de su vida personal y el ulterior exilio en Francia. Entre sus obras destacan las cuatro comedias teatrales *El abanico de lady Windermere* (1892), *Una mujer sin importancia* (1893), *Un marido ideal* (1895) y *La importancia de llamarse Ernesto* (1895), sus cuentos, entre los que se encuentra *El fantasma de Canterville* (1887), y su única novela, *El retrato de Dorian Gray* (1890).

OSCAR WILDE

EL CRÍTICO COMO ARTISTA

LA DECADENCIA DE LA MENTIRA

Traducción
León Mirlas

ESPASA

La lectura abre horizontes, iguala oportunidades y construye una sociedad mejor.
La propiedad intelectual es clave en la creación de contenidos culturales porque
sostiene el ecosistema de quienes escriben y de nuestras librerías.
Al comprar este libro estarás contribuyendo a mantener dicho ecosistema vivo y
en crecimiento.
En **Grupo Planeta** agradecemos que nos ayudes a apoyar así la autonomía creativa
de autoras y autores para que puedan seguir desempeñando su labor.
Dirígete a CEDRO (Centro Español de Derechos Reprográficos) si necesitas fotocopiar
o escanear algún fragmento de esta obra. Puedes contactar con CEDRO a través de la
web www.conlicencia.com o por teléfono en el 91 702 19 70 / 93 272 04 47.
Queda expresamente prohibida la utilización o reproducción de este libro o de
cualquiera de sus partes con el propósito de entrenar o alimentar sistemas o
tecnologías de inteligencia artificial.

Título original: *The Critic as Artist / The Decay of Lying*

Espasa Libros queda a disposición de aquellos que ostenten los derechos
de la traducción de León Mirlas, con quienes no ha podido contactar

© Editorial Planeta, S. A., 2011
  Espasa, un sello editorial de Editorial Planeta, S. A.
  Avda. Diagonal, 662-664, 08034 Barcelona (España)
  www.espasa.com
  www.planetadelibros.com

Diseño de la colección: Austral / Área Editorial Grupo Planeta
Primera edición en Austral: febrero de 2016
Primera edición en esta presentación: febrero de 2025

Depósito legal: B. 249-2025
ISBN: 978-84-670-7609-7
Impresión y encuadernación: Liberdúplex, S. L.
Printed in Spain - Impreso en España

ÍNDICE

EL CRÍTICO COMO ARTISTA

EL CRÍTICO COMO ARTISTA

CON ALGUNAS OBSERVACIONES SOBRE LA IMPORTANCIA DE ESTAR OCIOSO

PERSONAJES: Gilbert y Ernest.

ESCENARIO: La biblioteca de una casa de Piccadilly, que da al Green Park.

DIÁLOGO

PARTE I

GILBERT.—*(Al piano.)* ¿De qué te ríes, mi querido Ernest?

ERNEST.—*(Mirándole.)* De una magnífica narración que acabo de descubrir en este volumen de memorias hallado sobre tu mesa.

GILBERT.—¿Qué libro es ése? ¡Ah! Ya lo veo. No lo he leído aún. ¿Es bueno?

ERNEST.—Te diré... Mientras tocabas, estuve hojeando sus páginas algo divertido, aunque, por regla general, me disgustan las memorias modernas. Las escribe gente que o bien ha perdido totalmente la memoria, o bien nunca ha hecho algo que valga la pena, lo cual, con todo, constituye, sin duda, la verdadera explicación de su popularidad, ya que el público inglés se siente siempre perfectamente a sus anchas cuando le habla una mediocridad.

GILBERT.—Sí: el público es asombrosamente tolerante. Lo perdona todo, salvo el genio. Pero debo confesar que me gustan todas las memorias. Me gustan por su forma tanto como por su materia. En literatura, la mera egolatría es deliciosa. Es eso lo que nos fascina en las cartas de personalidades tan distintas como Cicerón y Balzac, Flaubert y Berlioz, Byron y madame de Sévigné. Siempre que nos topamos con la egolatría —y, cosa extraña, se trata de algo más bien raro— no podemos sino darle la bienvenida y no la olvidamos fácilmente. La humanidad amará siempre a Rousseau por haber confesado sus pecados no a un sacerdote, sino al mundo; y las ninfas acostadas que Cellini cincelara en bronce para el castillo del rey Francisco, y aun el Perseo verde y oro que, en la abierta Loggia de Florencia, muestra a la luna el profundo terror que petrificara antaño la vida, no han proporcionado más placer a la humanidad que esa autobiografía en que el bribón máximo del Renacimiento narra la historia de su esplendor y de su vergüenza. Las opiniones, el carácter, las proezas del hombre, importan poco. Puede ser un escéptico como el amable señor de Montaigne o un santo como el dolorido hijo de Mónica, pero cuando nos cuenta sus secretos puede seducir siempre nuestros oídos y forzar nuestros labios al silencio. El modo de pensar que representó el cardenal Newman —si es que puede llamarse modo de pensar al que procura resolver problemas intelectuales negando la supremacía del intelecto— no podría, no puede, más bien, en mi opinión, sobrevivir. Pero el mundo jamás se cansará de contemplar a esa alma turbada en su avance de tiniebla en tiniebla. La solitaria iglesia de Littlemore, donde «el hálito de la mañana es húmedo y los adoradores escasos», le será siempre cara, y siempre que los hombres vean brotar la hierba becerra sobre el muro de Trinidad, recordarán al gentil estudiante que vio en la segura reiteración de la flor la profecía de que él moraría eternamente con la Bondadosa Madre de su tiempo, profecía que la fe, en su sabiduría o en su locura, no permitió se cumpliera. Sí: la autobiografía es irresistible. El pobre tonto y engreído señor secretario Pepys se había abierto camino charlando hacia el círculo de los inmortales, y, consciente de que la indiscreción es la parte esencial del valor, alborota entre ellos en esa «afelpada vestidura púrpura de botones de oro y encajes festoneados» que tanto le complace describirnos, enteramente a sus anchas, y perorando, ante su infinito placer y el nuestro, sobre la enagua azul que le comprara a su mujer, el «buen jamón de cerdo» y el agradable «fricasé de ternera francés», que gustaba comer; sus partidas de bolos con Will Joyce y su «vagabundaje en pos de las beldades», y su recitación de *Hamlet* el domingo, y su ejecución al violín los días hábiles y otras cosas malas o triviales. Cuando la gente nos habla de los demás, es habitualmente aburrida. Cuando nos habla de sí misma, es casi siempre interesante; y si se la pudiera hacer callar cuando se vuelve fastidiosa con la misma facilidad con que cerramos un libro que ya nos cansa, sería absolutamente perfecta.

ERNEST.—Hay mucha virtud en ese sí, diría Touchstone. Pero... ¿proponer seriamente que todo hombre se convierta en su propio Boswell? ¿Qué sería de nuestros industriosos compiladores de vidas y recuerdos en ese caso?

GILBERT.—¿Qué ha sido de ellos? Son la peste de la época, ni más ni menos. Todo gran hombre tiene actualmente sus discípulos y siempre es Judas quien escribe la biografía.

ERNEST.—¡Pero mi querido amigo!...

GILBERT.—Temo que ésa sea la pura verdad. Antes acostumbrábamos a canonizar a nuestros héroes. El método moderno consiste en vulgarizarlos. Las ediciones baratas de los grandes libros podrán ser deliciosas, pero las ediciones baratas de los grandes hombres son absolutamente detestables.

ERNEST.—¿Podría saber, Gilbert, a quién te refieres?

GILBERT.—¡Oh! A todos nuestros *littérateurs* de segundo orden. Nos abruma un tropel de gente que al desaparecer un poeta o un pintor, llega a la casa simultáneamente con el empresario de pompas fúnebres y olvida que su único deber es callarse. Pero no hablemos de ellos. Son, simplemente, los secuestradores de cadáveres de la literatura. El polvo se le da a uno, las cenizas a otro y el alma queda fuera de su alcance. Y ahora... ¿quieres que te toque algo de Chopin o de Dvórak? ¿He de tocarte una fantasía de Dvórak? Las cosas que éste escribe son apasionadas y de curioso colorido.

ERNEST.—No: en este momento, justamente, no quiero música. Es harto indefinida. Además, anoche acompañé a cenar a la baronesa Bernstein, y aunque es absolutamente encantadora en todos los demás sentidos, la baronesa insistió en analizar la música como si ésta estuviera realmente escrita en alemán. Ahora bien: sea cual fuere el sonido de la música, me alegra decirte que nada tiene de alemán. Hay formas de patriotismo que son verdaderamente degradantes. No, Gilbert, no sigas tocando. Vuélvete y habla conmigo. Háblame hasta que el día de blancos cuernos entre en la habitación. Hay algo de maravilloso en tu voz.

GILBERT.—(*Levantándose del piano.*) Esta noche mi humor no es propicio a las conversaciones. ¡Cuán horrible tu ocurrencia de sonreír! Te digo que mi humor es ése. ¿Dónde están los cigarrillos? Gracias. ¡Cuán exquisitos son esos narcisos! Parecen estar hechos de ámbar y de frío marfil. Semejan las cosas griegas del mejor período. ¿Cuál fue la historia que te hizo reír en las confesiones del académico lleno de remordimientos? Dímelo. Después de tocar Chopin me parece estar llorando a causa de pecados que no cometí nunca y plañendo tragedias ajenas. La música, me parece, produce siempre ese efecto. Nos crea un pasado que ignorábamos y nos colma de un sentimiento de dolor, de un dolor oculto a nuestras lágrimas. Me imagino a un hombre que ha llevado una vida completamente vulgar y que oye por casualidad algún curioso fragmento musical y descubre de pronto que, sin saberlo, ha pasado por terribles experiencias y conocido tremendas alegrías, desenfrenados amores románticos o grandes renunciaciones. De modo que cuéntame tu historia, Ernest. Quiero divertirme.

ERNEST.—¡Oh! No sé si tiene alguna importancia. Pero me pareció un ejemplo realmente admirable del verdadero valor de la crítica de arte corriente. ¡Según parece, una dama le preguntó en cierta oportunidad con aire grave al académico lleno de remordimientos, como tú le llamas, si sus célebres cuadros *Un día de primavera en Whiteley's* o *Esperando el último autobús*, o algún tema de esa índole, estaban pintados a mano!

GILBERT.—¿Y lo estaban?

ERNEST.—Eres completamente incorregible. Pero hablando en serio..., ¿de qué sirve la crítica de arte? ¿Por qué no se puede dejar en paz al artista para que cree un nuevo mundo, si quiere hacerlo, o si no para que represente un mundo que ya conocemos, y del cual, se me ocurre, todos nos sentiríamos cansados si el arte, con su fino espíritu de elección y delicado instinto

15

de selección, no lo purificara para nosotros, por así decirlo, y le diera una momentánea perfección? Me parece que la imaginación difunde —o debiera difundir— una soledad en torno suyo, y trabaja mejor en el silencio y en el aislamiento. ¿Por qué habría de verse turbado el artista por el chillón clamor de la crítica? ¿Por qué habrían de estimar el valor de la obra creadora quienes no pueden crear? ¿Qué pueden saber de ello? Si la obra de un hombre es fácil de entender, la explicación resulta innecesaria...

GILBERT.—Y si su obra es incomprensible, la explicación es mala.

ERNEST.—No he dicho eso.

GILBERT.—¡Ah! Pero debiste decirlo. Ahora nos quedan tan pocos misterios que no podemos permitirnos el lujo de privarnos de uno solo de ellos. Los miembros de la Sociedad Browning, como los teólogos del Broad Church Party o los autores de la Colección de Grandes Escritores del señor Walter Scott, se pasan el tiempo, a mi parecer, tratando de explicar su divinidad. Cuando confiamos en que Browning ha sido un místico, ellos procuran demostrar que es simplemente vago e impreciso. Cuando se presume que Browning tenía algo que ocultar, prueban que éste sólo tenía bien poco que revelar. Pero hablo simplemente de la obra inconexa de Browning. Considerado en total, ese hombre era grande. No pertenecía a los olímpicos y tenía el carácter incompleto del titán. No investigaba y rara vez sabía cantar. Su labor está estropeada por la lucha, la violencia y el esfuerzo, y no pasaba de la emoción a la forma, sino del pensamiento al caos. Con todo, era grande. Se le ha llamado pensador, y era, ciertamente, un hombre que pensaba siempre y pensaba siempre en voz alta; pero no le fascinaba el pensamiento, sino los procesos que mueven al pensamiento. Lo que amaba era la máquina y no el producto de la máquina. El método mediante el cual llega el estúpido a la estupidez le era tan caro como la sabiduría última de los sabios. A tal punto le fascinaba el sutil mecanismo de la mente, que desdeñaba el idioma o lo consideraba un instrumento incompleto de expresión. La rima, ese exquisito eco que crea y contesta a su propia voz en la colina vacía de la Musa; la rima, que en manos del verdadero artista se vuelve no sólo un elemento material de belleza métrica, sino también un elemento espiritual de pensamiento y de pasión, suscitando un nuevo estado de ánimo, quizá, o poniendo en marcha una nueva sucesión de ideas, o abriendo con la mera dulzura y sugestión del sonido alguna puerta de oro a la cual convertir la expresión del hombre en discurso de los dioses; la rima, única cuerda que hemos añadido a la lira griega, se transformó en manos de Robert Browning en una cosa grotesca y deforme, que por momentos le indujo a disfrazarse en la poesía como un comediante de baja estofa y cabalgar a Pegaso demasiado a menudo con la lengua fuera. Hay momentos en que nos hiere con una música monstruosa. Más aún: si puede obtener su música rompiendo las cuerdas de su laúd, las rompe, y de éstas brota una disonancia, y ningún pájaro ateniense, con la melodía de sus trémulas alas, se posa sobre el cuerno de marfil para hacer perfecto el movimiento o menos áspero el intervalo. Con todo, Browning fue grande; y aunque transformaba el lenguaje en innoble arcilla, hizo de ésta hombres y mujeres que viven. Es el ser más shakespeariano que existió desde Shakespeare. Si Shakespeare era capaz de cantar con una miríada de labios, Browning era capaz de balbucear con mil bocas. Aun ahora, mientras hablo —y no hablo contra él, sino por él—, se desliza por la habitación la procesión de sus personajes. He ahí a Fra Lippo Lippi, con sus mejillas todavía ardientes a causa del apasionado beso de una muchacha. He aquí al venerable Saúl, con los señoriles zafiros que brillan en su turbante. También están Mildred Tresham y el monje español, amarillo de odio, y Blougram, y Ben Ezra, y el obispo de St. Praxed's. El fruto de Setebos farfulla en el rincón, y Sebald, al oír pasar a Pippa, mira al maciento rostro de Ottima y la detesta y detesta su propio pecado y se detesta a sí mismo. Pálido como el blanco raso de su jubón, el melancólico rey mira con soñadores y traicioneros ojos cómo va hacia su destino el harto leal Strafford, y Andrea se estremece al oír silbar en el jardín a los primos y le ordena a su perfecta esposa que baje. Sí. Browning fue grande. ¿Y en qué carácter será recordado? ¿Como poeta? ¡Ah! ¡Como poeta, no! Será recordado como escritor de obras de ficción, como el más notable de todos los escritores de ficción, quizá, que hayamos tenido, Su sentido de la situación dramática era incomparable, y si era incapaz de contestar a sus propios problemas, sabía al menos plantearlos y... ¿qué más puede pedírsele a un artista? Considerado como creador de caracteres, sigue inmediatamente al autor de *Hamlet.* De haber sido claro pudo haberse sentado a su lado. El único hombre que puede rozar la orla de su indumento es George Meredith. Meredith es un Browning en prosa y también lo es Browning. Éste usaba la poesía como un instrumento para escribir en prosa.

ERNEST.—Hay algo de cierto en lo que dices, pero no todo lo es. En muchos puntos eres injusto.

GILBERT.—Es difícil no ser injusto con lo que se ama. Pero volvamos al punto en discusión. ¿Qué decías?

ERNEST.—Simplemente, esto: que en los mejores tiempos del arte no había críticos de arte.

GILBERT.—Me parece haber oído ya esa observación, Ernest. Posee toda la vitalidad del error y toda la pesadez de un viejo amigo.

ERNEST.—Es la verdad. Sí: es inútil que menees la cabeza con ese aire engreído. Es la pura verdad. En los mejores tiempos del arte no existían los críticos de arte. El escultor cincelaba en el bloque de mármol al gran Hermes de blancos miembros que dormía dentro de él. Los enceradores y doradores de imágenes le daban a la estatua tono y consistencia, y el mundo, al verla, la adoraba y enmudecía. El escultor vertía el centelleante bronce en el molde de arena, y el río de rojo metal se enfriaba en nobles curvas y dejaba la huella del cuerpo de un dios. Con esmalte o pulidas joyas, daba vista a los ojos que no veían. Los bucles, semejantes a jacintos, emergían crespos bajo la mano de su grabador. Y cuando, en algún oscuro templo cubierto de frescos, o en algún pórtico con columnas iluminado por el sol, se erguía sobre su pedestal el hijo de Leto, los que pasaban, διὰ λαμπροτάτου βαίνοντος ἁβρῶς αἰθέρος,[1] adquirían conciencia de una nueva influencia que se había proyectado sobre sus vidas y con aire soñador o con un sentimiento de extraña y vivificante alegría, iban a sus casas o a su labor diaria, o vagaban quizá, franqueando las puertas de la ciudad, hasta el prado rondado por las

---

1. Moviéndose graciosa y etéreamente a través de su magnificencia. (*N. del e.*)

ninfas, donde se lavara los pies el joven Fedro, y tendidos sobre el suave césped, bajo los altos plátanos, falsos, susurrantes, a causa del viento y los florecientes *agnus castus*, se consagraban a pensar en la maravilla de la belleza y guardaban silencio, sintiendo un insólito terror. En aquellos tiempos, el artista era libre. Tomaba con sus dedos la fina arcilla del valle del río, y con una pequeña herramienta de madera o de hueso, le daba formas tan exquisitas, que la gente regalaba aquellas cosas a los muertos para que les sirvieran de pasatiempo, y las hallamos todavía en las polvorientas tumbas existentes sobre la ladera amarilla próxima a Tanara, perdurándoles aún en el pelo y en los labios y en el indumento el leve oro y desvanecido carmesí. Sobre un muro de yeso fresco, manchado de brillante minio o mezclado con leche y azafrán, el escultor representó a un hombre que hollaba con cansados pies los estrellados campos blanco púrpura de asfódelos, a un hombre «en cuyas pestañas estaba toda la guerra de Troya», a Políxena, la hija de Príamo, o dibujó a Odiseo, el sabio y el astuto, ligado por tensas cuerdas al mástil, para poder escuchar sin daño el canto de las sirenas o vagabundeando junto a las límpidas aguas del río Aqueronte, donde los espectros de los peces se deslizaban sobre el lecho de guijarros, o mostró a los persas en túnicas y mitras huyendo ante los griegos en Maratón, o las galeras en el violento choque de sus espolones de bronce, en la pequeña bahía de Salamina. Dibujó a punta de plata y con carbón de leña sobre pergamino y cedro preparado. Pintó con cera sobre marfil y terracota color rosa, dándole fluidez a la cera con zumo de olivos y firmeza con hierros calentados. El panel y el mármol y el lienzo de hilo se volvían maravillosos cuando los recorría su pincel; y la vida, al ver su propia imagen, guardaba silencio y no se atrevía a hablar. Toda vida, en verdad, era suya, desde los mercaderes sentados en el mercado hasta el pastor envuelto en su capa y tendido sobre la colina, desde la ninfa oculta en los laureles y el fauno que acecha al mediodía hasta el rey, a quien, en su litera de largos cortinajes verdes, transportaban los esclavos sobre sus hombros lustrosos de aceite y abanicaban con abanicos de plumas de pavo real. Ante él, grabado en sus rostros el placer o el dolor, pasaban los hombres y las mujeres. Él los contemplaba y asimilaba su secreto. Mediante la forma y el color recreaba un mundo.

»También le pertenecían todas las artes sutiles. Colocaba la gema contra el disco giratorio y la amatista llegó a ser el lecho púrpura de Adonis, y sobre el veteado sardónice corría Ártemis con sus sabuesos. Batió el oro, convirtiéndole en rosas, y juntó éstas para el collar o el brazalete. Hizo del oro coronas para el yelmo del conquistador, o palmas para la vestidura tiria, o máscaras para los reales muertos. Sobre el reverso del espejo de plata grabó a Tetis, llevada por sus nereidas, o a Fedra, herida de amor, con su aya, o a Perséfone, hastiada de recuerdos, poniéndose amapolas en el cabello. El alfarero estaba sentado en su tinglado, y, como una flor, el jarrón emergía de la silenciosa rueda, bajo sus manos. Adornaba la base y el centro y las asas del jarrón con dibujos de delicada hoja de olivo, de foliado acanto o de curva y encrespada ola. Luego, en negro o en rojo, pintaba a mujeres luchando o lanzadas a la carrera, a caballeros con toda su armadura, con extraños escudos heráldicos y curiosas viseras, inclinados desde bien modeladas carrozas sobre encabritados corceles, a los dioses sentados en el festín u obrando sus milagros, a los héroes en su victoria o en su dolor. A veces grababa en densas líneas de color bermellón, sobre fondo blanco, al lánguido prometido con su novia y a Eros revoloteando alrededor de ellos, a un Eros semejante a un ángel de Donatello, una carita riente de alas doradas o azules. Del lado combado escribía el nombre de su amigo. Καλός 'Αλκιβίαδης o Καλός Χαρμίδης nos cuenta la historia de su vida. Asimismo, sobre el borde de la ancha copa lisa, dibujaba al ciervo mordisqueando la hierba, o al león en reposo, tales como su fantasía los imaginaba. Desde el diminuto frasco de perfumes, reía Afrodita sorprendida durante su tocado, y con las ménades de miembros desnudos a la zaga, Dioniso bailaba alrededor del cántaro de vino sobre sus pies descalzos manchados de mosto, mientras, a la manera de un sátiro, el viejo Sileno se despatarraba sobre los hinchados odres o blandía el mágico tirso rematado en un trozo de calada madera de abeto, sobre el cual se enroscaba oscura hiedra. Y nadie venía a turbar al artista en su labor. Ninguna charla irresponsable le molestaba. Las opiniones no le fastidiaban. Junto al Iliso, dice Arnold en alguna parte, no había un Higginbotham. Junto al Iliso, mi querido Gilbert, no había estúpidos congresos de arte que llevaran el provincialismo a las provincias y enseñaran a hablar a la mediocridad. Junto al Iliso no había aburridas revistas de arte, con atareada cháchara sobre cosas que no se comprenden. En las riberas llenas de cañaverales de ese arroyo no se pavoneaba un periodismo ridículo, acaparando el asiento del jurado cuando le correspondería defenderse en el banquillo de los acusados. Los griegos no tenían críticos de arte.

GILBERT.—Ernest, eres realmente delicioso, pero tus opiniones son de una fragilidad espantosa. Temo que hayas estado escuchando la conversación de gente mayor que tú. Eso es siempre peligroso, y si se permite que degenere en un hábito, resulta absolutamente fatal a todo desarrollo intelectual. En cuando al periodismo moderno, no me corresponde a mí defenderlo. Justifica su existencia con el gran principio darwiniano de la supervivencia de los más vulgares. Me interesa, simplemente, ocuparme de la literatura.

ERNEST.—Pero..., ¿cuál es la diferencia entre literatura y periodismo?

GILBERT.—Oh... El periodismo es ilegible y la literatura no se lee. Eso es todo. Pero, con respecto a tu manifestación de que los griegos no tenían críticos de arte, te aseguro que es completamente absurda. Sería más justo decir que los griegos eran una nación de críticos de arte.

ERNEST.—¿De veras?

GILBERT.—Sí, una nación de críticos de arte. Mas no quiero destruir tu cuadro, deliciosamente irreal, de la relación del artista helénico con el espíritu intelectual de su tiempo. El dar una descripción exacta de lo que nunca ocurrió no es simplemente la misión del historiador, sino el inalienable privilegio de todo hombre de talento y cultura. Menos aún es mi deseo hablar en forma erudita. La conversación erudita es el amaneramiento del ignorante o la profesión del desocupado mental. Y en cuanto a lo que se llama una conversación aleccionadora, se trata simplemente del tonto método por medio del cual un filántropo más tonto aún procura débilmente dejar sin armas el justo rencor de las clases delincuentes. No: déjame tocarte alguna frenética

23

música de Dvórak. Las pálidas figuras de los tapices nos sonríen y los pesados párpados de mi Narciso de bronce están plegados por el sueño. No discutamos cosa alguna con solemnidad. Comprendo demasiado bien que hemos nacido en un tiempo en que sólo los torpes son tratados con seriedad y vivo presa del terror de no ser incomprendido. No me rebajes a la situación de quien puede proporcionarte una información útil. La educación es algo admirable, pero conviene recordar de tanto en tanto que no puede enseñarse cosa digna de saberse. Por entre los descorridos visillos de la ventana veo la Luna, semejante a una moneda de plata cercenada. Cual doradas abejas, las estrellas se agolpan en torno suyo. El cielo es un severo zafiro hueco. Internémonos en la noche. El pensamiento es maravilloso, pero la aventura, más maravillosa todavía. ¿Quién sabe si no nos espera un encuentro con el príncipe Florizel de Bohemia y si no le oiremos contar a la bella cubana que ella no es lo que parece ser?

ERNEST.—Eres horriblemente obstinado. Insisto en que discutas ese asunto conmigo. Has dicho que los griegos fueron una nación de críticos de arte. ¿Qué reseñas críticas nos han dejado?

GILBERT.—Querido Ernest, aunque no nos hubiera llegado un solo fragmento de crítica de arte desde los días helénicos o helenísticos, sería igualmente cierto que los griegos fueron una nación de críticos de arte y que inventaron la crítica de arte, del mismo modo que inventaron la crítica de todo lo demás. Porque, después, de todo, ¿cuál es nuestra deuda esencial para con los griegos? Simplemente, el espíritu crítico. Y este espíritu, que los griegos ejercitaron en los problemas de la religión y de la ciencia, de la ética y de la metafísica, de la política y de la educación, fue ejercitado también por ellos en cuestiones de arte: y, a decir verdad, con respecto a las dos artes supremas y más elevadas, nos han dejado el sistema de crítica más impecable que el mundo haya conocido.

ERNEST.—Pero... ¿cuáles son las dos artes supremas y más altas?

GILBERT.—La vida y la literatura, la vida y la expresión perfecta de la vida. Los principios de la primera, tales como los han expuesto los griegos, quizá no puedan ser comprendidos en una época tan viciada por falsos ideales como la nuestra. Los principios de la segunda, tales como han sido expuestos por ellos, son en muchos casos tan sutiles que apenas podemos entenderlos. Admitiendo que el arte más perfecto es el que refleja más plenamente al hombre en toda su infinita variedad, elaboraron la crítica del idioma, considerada a la luz del simple material de ese arte, hasta un punto tal que nosotros, con todo nuestro sistema rítmico de énfasis razonable o emotivo, difícilmente podríamos alcanzar: estudiando, por ejemplo, los movimientos métricos de una prosa tan científicamente como estudia armonía y contrapunto un músico moderno, y, apenas si necesito decirlo, con un instinto estético mucho más penetrante. En esto tenían razón, como la tenían en todas las cosas. Desde la aparición de la imprenta y el fatal desarrollo del hábito de leer entre las clases medias e inferiores de este país, ha habido en la literatura una tendencia a seducir cada vez más el ojo y cada vez menos el oído, que es realmente el sentido al cual, desde el punto de vista del arte puro, debiera tratar de complacer y a cuyos cánones de placer debiera atenerse siempre. Hasta la obra de Pater, que es, en general, el señor

25

más perfecto del idioma inglés que está creando entre nosotros, semeja a menudo un fragmento de mosaico mucho más que un pasaje musical y parece faltarle, de tanto en tanto, la auténtica vida rítmica de las palabras y la hermosa libertad y riqueza del efecto que esta vida rítmica produce. Nosotros, en realidad, hemos hecho de la escritura un modo definido de composición y la hemos tratado como una forma de refinado dibujo. Los griegos, por su parte, consideraban la escritura un simple método para hacer crónica. Su piedra de toque era siempre la palabra hablada, en sus relaciones musicales y métricas. La voz era el instrumento y el oído el crítico. He pensado a veces que la historia de la ceguera de Homero quizá sea, en realidad, un mito artístico, creado en días críticos, y que sirve para recordarnos, no simplemente que el gran poeta es siempre un vidente, que no ve tanto con los ojos del cuerpo como con los del alma, sino que es también un verdadero cantor, que construye su canto con música y se repite a sí mismo cada verso repetidas veces hasta sorprender el secreto de la melodía, cantando en las tinieblas palabras aladas de luz. Ciertamente, sea o no así, el gran poeta de Inglaterra debió a su ceguera, como accidente, al menos, gran parte del majestuoso movimiento y del sonoro esplendor de sus versos del último período. Cuando Milton no pudo seguir escribiendo, empezó a cantar. ¿Quién podría comparar los metros de *Comus* con los metros de *Samson Agonistes*, o de *El paraíso perdido*, o de *El paraíso recobrado*? Cuando Milton enegueció, compuso, como debería hacerlo cualquiera, puramente con la voz, y por tanto, el caramillo o la dulzaina de los primeros tiempos se convirtió en el poderoso órgano de numerosos registros cuya rica y retumbante música posee toda la majestad del verso homérico, si no busca poseer su agilidad, y es el único imperecedero legado de la literatura inglesa que abarca todas las épocas, ya que está por encima de ellas y perdura entre nosotros, pues es inmortal por su forma. Sí: el escribir ha causado mucho daño a los escritores. Debemos volver a la voz. Ésta debe ser nuestra piedra de toque, y quizá entonces podamos apreciar algunas de las sutilezas de la crítica de arte griega. En el estado de cosas actual, no podemos hacerlo. A veces, cuando escribo un trabajo en prosa que he tenido suficiente modestia para considerar absolutamente impecable, se me ocurre la espantosa idea de que quizá haya incurrido en el afeminamiento moral de usar compases trocaicos y tribraquios, delito por el cual un erudito crítico del período de Augusto censura con justísima severidad al brillante, aunque algo paradójico, Hegesias. Me da frío pensarlo y me pregunto si el admirable efecto ético de la prosa de ese delicioso escritor, que en cierta ocasión, en un estado de ánimo de temeraria generosidad para con el sector inculto de nuestra comunidad, proclamó la monstruosa doctrina de que la conducta equivale a las tres cuartas partes de la vida, no se verá aniquilado totalmente algún día por el descubrimiento de que los peones estaban mal situados.

ERNEST.—¡Ah! Ahora eres impertinente.

GILBERT.—¿Quién no se mostraría impertinente al decírsele con gravedad que los griegos no tenían crítica de arte? Puede comprender la afirmación de que el genio constructivo de los griegos pueda haberse perdido en la crítica, pero no que la raza a la cual debemos el espíritu crítico no haya criticado. No me pedirás que te dé un estudio sobre la crítica de arte griega de Platón a

Plotino. La noche es demasiado hermosa para hacerlo, y si la Luna nos oyera, se cubriría más aún el rostro de cenizas. Pero piensa simplemente en una obra pequeña y perfecta de crítica estética: la *Poética* de Aristóteles. No es perfecto en la forma, porque está mal escrito, consistiendo quizá en anotaciones garabateadas para una disertación sobre arte o en fragmentos sueltos destinados a un libro mayor, pero es absolutamente perfecto en cuanto a humor y tratamiento. El efecto ético del arte, su importancia para la cultura y su sitio en la formación del carácter habían sido establecidos de una vez para todas por Platón, mas aquí tenemos el arte tratado, no desde el punto de vista moral, sino desde el punto de vista puramente estético. Platón se había ocupado, naturalmente, de muchos temas definidamente artísticos, tales como la importancia de la unidad en la obra de arte, la necesidad del tono y la armonía, el valor estético de las apariencias, la relación de las artes visibles con el mundo externo y la relación de la ficción con el hecho. Tal vez fue el primero en suscitar en el alma humana ese deseo que no hemos satisfecho aún: el de conocer la relación entre la belleza y la verdad y el sitio de la belleza en el orden moral e intelectual del cosmos. Los problemas del idealismo y del realismo, tales como son planteados por él, pueden parecerles a muchos algo estériles en punto a resultado en la esfera metafísica del ser abstracto en que los ubica, pero trasplantárselos a la esfera del arte y se los verá aún vitales y llenos de sentido. Es posible que Platón esté destinado a sobrevivir como crítico de la belleza y que, alterando el nombre de la esfera de su especulación, podamos hallar una nueva filosofía. Pero Aristóteles, como Goethe, trata esencialmente del arte en sus manifestaciones concretas, tomando la tragedia, por ejemplo, e investigando el material que usa, que es el idioma; su tema, que es la vida; el método con que trabaja, que es la acción; las condiciones en que se revela, que son las de la representación teatral; su estructura lógica, que es la trama; y su exhortación estética final, que va dirigida al sentido de la belleza realizado mediante las pasiones de la piedad y del terror. Esta purificación y espiritualización de la naturaleza, que él llama κάθαρσις[2] es, como advirtió Goethe, esencialmente estética, y no moral, como imaginó Lessing. Al ocuparse en primer término de la impresión producida por la obra de arte, Aristóteles se dedica a analizar esa impresión, a investigar su origen, a examinar cómo se engendra. Como fisiólogo y psicólogo, sabe que la salud de una función reside en la energía. Tener capacidad para una pasión y no realizarla es limitarse a sí mismo y tornarse incompleto. El espectáculo mímico de la vida que proporciona la tragedia depura el alma de mucha «materia peligrosa», y al presentar altos y dignos objetos para el ejercicio de las emociones, purifica y espiritualiza al hombre: más aún, no sólo lo espiritualiza, sino que le inicia en nobles sentimientos, de los cuales nada sabría en caso contrario, conteniendo la palabra κάθαρσις, según me ha parecido, a veces, una clara alusión al rito de la iniciación; eso si no significa en realidad, como he sentido la tentación de suponer ocasionalmente, su verdadero y único sentido aquí. Esto es, desde luego, un simple bosquejo del libro. Pero ya ves cuán perfecta pieza de crítica estética constituye. ¿Quién habría podido analizar tan bien el arte,

2. Catarsis. (*N. del e.*)

en realidad, como no fuese un griego? Después de leerla, no nos asombramos de que Alejandría se dedicara con tanta amplitud a la crítica de arte y de encontrar al temperamento artístico dedicado al examen de todas las cuestiones de estilo y manera, al análisis de las grandes escuelas académicas de pintura, por ejemplo, tales como la escuela de Sicione, que debía salvaguardar las dignas tradiciones del modo antiguo, o las escuelas realista e impresionista, cuyo fin era reproducir la vida real o los elementos de la idealidad en el retrato, o el valor artístico de la forma épica en una edad tan moderna como la de ellos, o el tema adecuado para el artista. A decir verdad, temo que los temperamentos inartísticos de la época se hayan ocupado también de cuestiones de literatura y de arte, ya que las acusaciones de plagio eran innumerables y tales acusaciones proceden de los finos y descoloridos labios de la impotencia o de las grotescas bocas de quienes, sin tener nada propio, suponen que pueden obtener una reputación de riqueza vociferando que han sido robados. Y te aseguro, querido Ernest, que los griegos charlaban sobre los pintores tanto como lo hace la gente hoy, y tenían sus reuniones privadas, y exposiciones baratas, y corporaciones de artes y oficios, y movimientos prerrafaelistas e impulsos hacia el realismo, y disertaban sobre arte, y escribían ensayos sobre arte, y tenían sus historiadores del arte y sus arqueólogos y todo lo demás. ¡Si hasta los empresarios de las compañías teatrales en gira llevaban consigo a sus críticos teatrales en los viajes y les pagaban suculentos sueldos por sus reseñas laudatorias! Todo lo que hay de moderno en nuestra vida, en realidad, se lo debemos a los griegos. Todo lo que constituye un anacronismo se lo debemos a lo medieval. Son los griegos quienes nos han dado todo el sistema de la crítica de arte, y puede advertirse la finura de su instinto crítico en la circunstancia de que el material criticado por ellos con más cuidado era, como ya dije, el idioma. Porque el material usado por el pintor o el escultor es magro en comparación con el de las palabras. Las palabras no sólo tienen una música tan dulce como la del violonchelo o el laúd, un color tan rico y vívido como el que nos hace bellas las telas de los venecianos o de los españoles, y una forma plástica no menos segura y cierta que la que se revela en el mármol o en el bronce, sino que también les pertenecen el pensamiento, la pasión y la espiritualidad, les pertenecen en realidad exclusivamente. Aunque no hubiesen criticado más que el idioma, los griegos serían de todos modos los críticos de arte más grandes del mundo. Pero advierto que la Luna se está ocultando detrás de una nube de color azufre. Centellea detrás de una melena o red morena, como un ojo de león. Teme que yo te hable de Luciano y Longino, de Quintiliano y Dionisio, de Plinio, y Fronto, y Pausanias, de todos los que escribieron o disertaron en la Antigüedad sobre materias de arte. La Luna no tiene por qué albergar temores. Mi expedición al oscuro y aburrido abismo de los hechos me ha fatigado. Nada me queda ahora, fuera del divino ομνόχρογος ἠδονή[3] de otro cigarrillo. Los cigarrillos poseen, cuando menos, la magia de dejarnos insatisfechos.

ERNEST.—Prueba uno de los míos. Son bastante buenos. Los recibo directamente de El Cairo. La única utilidad de nuestros agregados es que proveen a nues-

3. Efímero placer. (*N. del e.*)

tros amigos de excelente tabaco. Y como la Luna se ha ocultado, hablemos un poco más. Estoy completamente dispuesto a admitir que me he equivocado en lo que dije de los griegos. Éstos eran, como has señalado, una nación de críticos de arte. Lo reconozco y lo lamento un poco por ellos. Porque la facultad creadora es más elevada que la crítica. No puede establecerse, en realidad, un parangón entre ambas.

GILBERT.—La antítesis entre ellas es enteramente arbitraria. Sin la facultad crítica no existe, en absoluto, creación artística digna de ese nombre. Hace poco hablaste de ese fino espíritu de elección y delicado instinto selectivo con el cual el artista realiza la vida para nosotros y le da una momentánea perfección. Pues bien: ese espíritu de opción, ese sutil tino de la omisión, es en realidad la facultad crítica en uno de sus modos más característicos, y quien no posee esa facultad crítica no puede crear arte. La definición de la literatura por Arnold, según la cual era una crítica de la vida, no resultaba muy feliz en su forma, pero revelaba con cuánta sagacidad advertía Arnold la importancia del elemento crítico en toda labor creadora.

ERNEST.—Yo diría que los grandes artistas trabajan inconscientemente, que son «más inteligentes de lo que presumen», como, según creo, hace notar Emerson en alguna parte.

GILBERT.—En realidad, no es así, Ernest. Toda obra imaginativa hermosa tiene conciencia de sí misma y es intencional. Ningún poeta canta porque deba cantar. Al menos, ningún gran poeta lo hace. Así es ahora y así ha sido siempre. A veces nos sentimos inclinados a pensar que las voces que resonaron en el alba de la poesía eran más simples, frescas y naturales que las nuestras, y

que el mundo contemplado por los poetas primitivos
—en el cual se movían éstos— tenía una suerte de cualidad poética propia y podía pasar al canto casi sin transformación alguna. Ahora la nieve yace en espesas capas sobre el Olimpo y sus empinadas laderas son estériles y desoladas, pero en otros tiempos, hay que suponer, los blancos pies de las musas quitaban el rocío de las anémonas por la mañana y Apolo venía por la tarde a cantar a los pastores en el valle. Pero al pensar esto, les estamos concediendo simplemente a otras épocas lo que deseamos, o creemos desear, para la nuestra. La culpa es de nuestro sentido histórico extraviado. Todo siglo productor de poesía es, en ese aspecto, un siglo artificial, y la obra que nos parece el producto más natural y simple de su tiempo, es siempre el resultado del más consciente de los esfuerzos. Créeme, Ernest: no hay arte bello sin conciencia de nosotros mismos, y la conciencia de nosotros mismos y el espíritu crítico son una sola y misma cosa.

ERNEST.—Comprendo qué quieres decir y no te falta razón. Pero reconocerás seguramente que los grandes poemas del mundo de los primeros tiempos, los poemas colectivos primitivos y anónimos, fueron el resultado de la imaginación de las razas más bien que el de la imaginación de los individuos..., ¿verdad?

GILBERT.—No cuando se convirtieron en poesía. No cuando obtuvieron una forma bella. Porque no hay arte donde no hay estilo, y no hay estilo donde no hay unidad, y la unidad es propia del individuo. Sin duda, Homero hubo de manejar baladas y narraciones antiguas, del mismo modo que Shakespeare tuvo crónicas, y piezas y novelas con que trabajar, pero todo esto constituyó simplemente su materia prima. Las tomó y las moldeó, convirtiéndolas en canto. Se tornaron suyas porque las hizo bellas. Estaban hechas de música.

Y, por eso, no construidas en absoluto,
y, así, construidas para siempre.

»Cuanto más se estudian la vida y la literatura, con más intensidad se percibe que detrás de todo lo maravilloso está el individuo, y que no es el momento el que hace al hombre, sino el hombre quien crea la época. A decir verdad, me inclino a creer que todo mito o leyenda que nos parecen surgidos del asombro o del terror, o de la fantasía de la tribu y de la nación, han sido en su origen la invención de un espíritu único. La cantidad extrañamente limitada de mitos me parece reforzar esta conclusión. Pero no debemos internarnos en problemas de mitología comparada. Debemos atenernos a la crítica. Y lo que quiero señalar es esto: una época sin crítica es, o bien una época en que el arte es inmóvil, hierático y restringido a la imitación de tipos formales, o bien una época que carece de arte en absoluto. Ha habido épocas críticas que no han sido creadoras en el sentido corriente de la palabra, épocas en que el espíritu del hombre ha procurado poner en orden los tesoros de su caja de caudales, separar el oro de la plata y la plata del plomo, hacer el recuento de las joyas y dar nombre a las perlas. Pero nunca ha habido una época creadora que no haya sido también crítica. Porque es la facultad crítica quien inventa formas nuevas. La creación tiende a repetirse. Es al instinto crítico a quien debemos cada nueva escuela que surge, cada nuevo molde que el arte halla al alcance de la mano. En realidad no hay una sola forma de las usadas hoy por el arte que no nos haya sido legada por el espíritu crítico de Alejandría, donde esas formas eran, o bien estereotipadas, o inventadas, o hechas perfectas. Digo Alejandría, no sólo porque fue allí donde el espíritu griego adquirió más conciencia de sí mismo y en verdad expiró finalmente en el escepticismo y en la teología, sino porque fue hacia esa ciudad, y no hacia Atenas, adonde se volvió Roma en procura de modelos, y fue merced a la supervivencia del latín, tal como era, como perduró esa cultura. Cuando, en el Renacimiento, la literatura griega alboreó en Europa, el terreno estaba pronto para ello, en cierta medida. Pero para terminar con los detalles históricos, siempre fatigosos y habitualmente inexactos, digamos en términos generales que las formas de arte se han debido al espíritu crítico de los griegos. A éste le debemos la lírica, todo el teatro —en cada uno de sus aspectos—, como también la parodia, el idilio, la novela romántica, la novela de aventuras, el ensayo, el diálogo, el discurso, la disertación —que quizá no debiéramos perdonarles— y el epigrama, en todo el amplio sentido de la palabra. En realidad, le debemos todo, salvo el soneto, al cual, con todo, puede encontrársele algunos curiosos paralelos de movimiento de las ideas en la Antología; el periodismo norteamericano, al cual no puede encontrársele paralelo en sitio alguno, y la balada en dialecto escocés postizo, que uno de nuestros más laboriosos escritores ha propuesto últimamente sea la base para un esfuerzo final y unánime de nuestros poetas de segundo orden, a fin de tornarse realmente románticos. Cada nueva escuela, por lo visto, vocifera contra la crítica, pero debe su origen a la facultad crítica del hombre. El mero instinto creador no innova, imita.

ERNEST.—Has estado hablando de la crítica como parte esencial del espíritu creador y acepto ahora plenamente tu teoría. Pero... ¿y la crítica fuera de la creación? Tengo el estúpido hábito de leer los periódicos y me parece que la mayor parte de la crítica moderna carece por completo de valor.

GILBERT.—Lo mismo ocurre con la mayor parte de la labor creadora moderna, también. La mediocridad pesando a la mediocridad en la balanza y la ineptitud aplaudiendo a su hermana: he aquí el espectáculo que nos brinda de cuando en cuando la actividad artística de Inglaterra. Y, con todo, me siento algo injusto en ese sentido. Por regla general, los críticos —hablo, desde luego, de la clase superior, de los que escriben, en realidad, para los periódicos de seis peniques— son mucho más cultos que la gente cuyas obras deben reseñar. Esto es, simplemente, en realidad, lo que cabe esperar, ya que la crítica exige una cultura infinitamente mayor que la creación.

ERNEST.—¿De veras?

GILBERT.—Ciertamente. Cualquiera es capaz de escribir una novela en tres tomos. Basta con una ignorancia total de la vida y de la literatura. La dificultad a la cual, según presumo, se ve enfrentado quien hace la reseña crítica, es la de mantener algún patrón. Donde no hay estilo debe ser imposible un patrón. Los pobres críticos se ven reducidos, aparentemente, a la condición de reporteros del tribunal policial de la literatura, a cronistas de las fechorías de los delincuentes usuales del arte. Suele decirse de ellos que no leen, en absoluto, las obras que deben juzgar. Efectivamente, no las leen. O, al menos, no debieran leerlas. Si lo hicieran, se convertirían en misántropos convictos y confesos, o

—para usar la frase de una de las bellas educadas en Newnham— en mujerántropos convictos y confesos para el resto de sus vidas. Por otra parte, leer esas obras resulta innecesario. Para conocer la vendimia y calidad de un vino no es necesario beberse todo el tonel. Debe de ser enteramente fácil decir en el transcurso de media hora si un libro vale algo o si no vale lo más mínimo. En realidad, bastan diez minutos si se posee el instinto de la forma. ¿Quién querría vadear un volumen aburrido? Lo cata y eso es suficiente: más que suficiente, me parece. Sé que hay en la pintura, como en la literatura, muchos trabajadores honestos que se oponen totalmente a la crítica. Tienen toda la razón. Sus obras no guardan una relación intelectual con su tiempo. No nos aportan elementos nuevos de placer. No sugieren ningún desvío nuevo del pensamiento, de la pasión o de la belleza. No debiera hablarse de ellas. Debieran ser abandonadas al olvido que se merecen.

ERNEST.—Pero, querido amigo... Y perdóname la interrupción... Me parece que te estás dejando arrastrar demasiado lejos en tu pasión por la crítica. Porque, después de todo, hasta tú debes saber que es mucho más difícil hacer una cosa que hablar de ella.

GILBERT.—¿Más difícil hacer una cosa que hablar de ella? Nada de eso. Se trata de un grosero error popular. Es muchísimo más difícil hablar de una cosa que hacerla. En la esfera de la vida real, esto es, naturalmente, evidente. Cualquiera puede hacer historia. Sólo un gran hombre puede hablar de ella. No hay modo de acción ni forma de emoción que no compartamos con los animales inferiores. Sólo por medio del lenguaje nos elevamos por sobre ellos o por encima de nuestros semejantes: mediante el lenguaje, que es el progenitor, y no el hijo, del pensamiento. La acción, en verdad, es siempre fácil, y cuando se nos presenta en su forma más exasperante, por ser la más continua —que yo entiendo es la de la verdadera laboriosidad— se convierte simplemente en el refugio de la gente que no tiene otra cosa que hacer. No, Ernest; no hables de la acción. Es algo ciego que depende de influencias externas y movido por un impulso de cuya naturaleza no tiene conciencia. Es una cosa incompleta en su esencia, por estar limitada por lo accidental, e ignorante de su dirección por estar siempre en desacuerdo con su objetivo. Su base es la falta de imaginación. Es el recurso de quienes no saben soñar.

ERNEST.—Gilbert, tratas el mundo como si fuera una bola de cristal. Lo sostienes en la mano y lo inviertes para complacer a una caprichosa fantasía. No haces sino reescribir la Historia.

GILBERT.—El único deber que tenemos para con la Historia es reescribirla, que no es la menor de las tareas reservadas al espíritu crítico. Cuando hayamos descubierto totalmente las leyes científicas que gobiernan la vida, comprenderemos que la única persona con más ilusiones que el soñador es el hombre de acción. Éste, en realidad, no conoce el origen de sus actos ni sus resultados. Del campo en que creía haber sembrado abrojos, nosotros hemos recogido nuestra vendimia, y la higuera que él plantara para nuestro placer es tan estéril como el cardo, y más amarga. Si la Humanidad ha podido hallar su camino, se debe a que jamás ha sabido adónde iba.

ERNEST.—¿Crees, pues, que, en la esfera de la acción, un objetivo consciente constituye una ilusión?

GILBERT.—Algo peor que una ilusión. Si viviéramos

lo bastante para ver el resultado de nuestros actos, quizá los que se llaman a sí mismos buenos se verían agobiados por un penoso remordimiento, y aquellos a quienes el mundo llama malvados se sentirían conmovidos por una noble alegría. Cualquier pequeña cosa que hacemos penetra en la gran máquina de la vida, que sabe triturar nuestras virtudes reduciéndolas a polvo y tornándolas inservibles, o bien transformar nuestros pecados en elementos de una nueva civilización más maravillosa y espléndida que lo producido antes. Pero los hombres son esclavos de las palabras. Les enfurece el materialismo, como le llaman, olvidando que no ha habido un mejoramiento material que no haya espiritualizado al mundo, y que ha habido poco o ningún despertar espiritual que no haya derrochado las capacidades del mundo en estériles esperanzas e infructuosas aspiraciones y credos vacuos u obstaculizantes. Lo que se llama pecado es un elemento esencial del progreso. Sin él, el mundo se estancaría, envejecería o se volvería incoloro. Con su curiosidad, el pecado acrecienta la experiencia de la especie. Mediante su intensificada afirmación de individualismo, nos salva de la monotonía del tipo. En su rechazo de las ideas corrientes sobre moralidad, se identifica con la ética más elevada. Y en cuanto a las virtudes, ¿qué son las virtudes? La naturaleza, nos dice M. Renan, para nada se cuida de la castidad, y quizá las Lucrecias de la vida moderna deban su libertad de toda mácula a la vergüenza de Magdalena y no a su propia pureza. La caridad, como se han visto obligados a reconocerlo aun aquellos de cuya religión forma parte solemnemente, crea una multitud de males. La mera existencia de la conciencia, esa facultad sobre la cual tanto charla hoy la gente y de que con tanta ignorancia se enorgullece, es una señal de nuestro imperfecto desarrollo. Debe fundirse con el instinto para que nos volvamos admirables. La abnegación es, simplemente, un método con el cual el hombre detiene su progreso, y el propio sacrificio, una supervivencia de la mutilación del salvaje, una parte de ese viejo culto del dolor que constituye un factor tan terrible en la historia del mundo y que aún hoy causa sus víctimas día tras día y tiene sus altares en la tierra. ¡Las virtudes! ¿Quién sabe qué son las virtudes? Tú, no. Tampoco yo. Nadie lo sabe. Si matarnos al delincuente, es más que nada en bien de nuestra vanidad, porque si le permitiéramos vivir podría señalarnos lo que hemos ganado con su delito. Si el santo va al martirio, es en beneficio de su propia paz, ciertamente. Se le ahorra el espectáculo del horror de su cosecha.

Ernest.—Gilbert, estás dando una nota harto áspera. Volvamos a los terrenos más amables de la literatura. ¿Qué habías dicho? ¿Que era más difícil hablar de una cosa que hacerla?

Gilbert.—*(Después de una pausa.)* Sí. Creo haber arriesgado esa sencilla verdad. Habrás notado ya, seguramente, que tengo razón..., ¿no es así? Cuando un hombre obra, es un títere. Cuando escribe, un poeta. En eso radica todo el secreto. Fue bastante fácil, en las arenosas planicies contiguas a la ventosa Ilión, enviar la dentada flecha desde el pintado arco o lanzar contra el escudo de cuero y llameante latón el largo venablo de mango de fresno. Le resultó fácil a la reina adúltera tender las alfombras tirias para su señor, y luego, cuando éste yacía tendido en el baño de mármol, echar sobre su cabeza la red púrpura y llamar a su amante de suave rostro para que apuñalara, a través de la malla, el cora-

40

zón que debió romperse en Áulide. Hasta a Antígona, cuando la muerte la esperaba como prometido suyo, le fue fácil atravesar el aire inficionado del mediodía y trepar a la colina y esparcir bondadosa tierra sobre el infortunado cadáver desnudo sin tumba. Pero... ¿y los que escribieron sobre estas cosas? ¿Qué me dices de quienes les dieron realidad y vida eterna? ¿No son más grandes que los hombres y mujeres a quienes cantan? «Héctor, el dulce caballero, ha muerto», y Luciano nos narra cómo, en el oscuro averno, Menipo vio el blanqueante cráneo de Helena y se maravilló de que se hubiesen lanzado a la mar por tan magro favor todos aquellos cornígeros barcos y abatidos todos aquellos gallardos hombres con cota de malla y reducido a polvo aquellas ciudades con sus torres. Sin embargo, todos los días la hija de Leda, tal un cisne, sale a las almenas y contempla allá abajo la marea de la guerra. Los ancianos se maravillan de su hermosura y ella se para junto al rey. En su aposento de pintado marfil está tendido su amante. Pule su refinada armadura y peina la cimera escarlata. Con su escudero y paje, el marido de Helena va de tienda en tienda. Ella ve su reluciente cabellera y oye, o cree oír, su clara y fría voz. En el patio, allá abajo, el hijo de Príamo se está ajustando la coraza de latón. Los blancos brazos de Andrómaca le ciñen el cuello. Deja el yelmo en el suelo, temiendo asustar a su hijito. Detrás de las bordadas cortinas de su pabellón está sentado Aquiles, en perfumada indumentaria, mientras en arreo de oro y plata el amigo de su alma se prepara para ir a la lucha. De un cofre curiosamente labrado que su madre Tetis trajera hasta su nave, el señor de los mirmidones saca el místico cáliz que el labio del hombre jamás tocara, y lo limpia con azufre y lo enfría con agua fresca, y después de haberse lavado las manos, llena de negro vino su bruñida concavidad, y derrama en el suelo la densa sangre de la vid en honor de Aquel que en Dodona adoraran descalzos profetas, y le reza, y no sabe que le reza en vano, y que a manos de dos caballeros de Troya, Euforbio, el hijo de Panto, cuyos largos rizos tienen adornos de oro, y el priamida, el valeroso y noble Patroclo, el camarada de los camaradas, debe encontrar su destino. ¿Son fantasmas éstos? ¿Héroes de la niebla y de la montaña? ¿Sombras de un canto? No: son seres reales. ¡Acción! ¿Qué es la acción? Se extingue en el momento de su energía. Es una baja concesión al hecho. El mundo es construido por el cantor para el soñador.

ERNEST.—Mientras hablas, me parece que así es.

GILBERT.—Y así es, realmente. Sobre la desmoronada ciudadela de Troya, yace el lagarto como un objeto de verde bronce. El búho ha hecho su nido en el palacio de Príamo. Sobre la desierta llanura vagan el pastor y el cabrero con sus rebaños, y allí, sobre el mar aceitoso, de vinosa superficie, οἶνοψ πόντος,[4] como lo llama Homero, donde antaño, con sus tajamares de cobre y cubiertas de bermellón, las grandes galeras de los danaos acercaban su centelleante media luna, el solitario pescador de atún está sentado en su pequeño bote y observa cómo saltan los corchos de su red. Pero todas las mañanas, las puertas de la ciudad son abiertas de par en par, y a pie o en carrozas tiradas por caballos, los guerreros van al combate y se mofan de sus enemigos tras sus máscaras de hierro. La refriega prosigue encarnizadamente durante toda la jornada, y al llegar la no-

4. Mar de color de vino. (*N. del e.*)

che, las antorchas fulguran junto a las tiendas y arde el farol en el atrio. Los que viven entre el mármol o entre pintados paneles, sólo conocen de la vida un único y exquisito instante, eterno realmente en su belleza, pero limitado a una nota de pasión o a un sentimiento de serenidad. Los que hace vivir el poeta tienen sus miríadas de emociones de alegría y de terror, de valor y de desesperación, de placer y de sufrimiento. Las estaciones van y vienen, en alegre o entristecedor desfile, y con alados o pesados pies, pasan los años ante ellas. Tienen su juventud y su virilidad, son niños y envejecen. Siempre amanece para santa Helena, tal como la viera el Veronés junto a la ventana. A través del apacible aire de la mañana, los ángeles le traen el símbolo del dolor de Dios. Las frescas brisas matutinas alzan las doradas hebras de su frente. Sobre la pequeña colina contigua a Florencia, donde yacen los amantes del Giorgione, siempre reina el solsticio del mediodía, de un mediodía que tornan tan lánguido los soles estivales, que apenas si la delgada muchacha desnuda puede sumergir en el depósito de mármol la redonda burbuja de límpido cristal, y los largos dedos del tocador de un laúd se posan perezosamente sobre las cuerdas. Reina siempre la hora del crepúsculo para las bailarinas ninfas que Corot pusiera en libertad entre los plateados álamos de Francia. Esas frágiles y diáfanas figuras, cuyos trémulos pies blancos no parecen rozar la hierba, empapada de rocío, se mueven siempre en una eterna luz vesperal. Pero los que caminan en la epopeya, el drama o la obra romántica, ven cómo durante los meses de labor palidecen y se esfuman las jóvenes lunas y observan la noche desde el atardecer hasta la estrella matutina; y desde el alba hasta la puesta del sol pueden ver el cambiante día con su oro y su sombra. Para ellos, como para nosotros, las flores llegan a su sazón y se marchitan, y la Tierra, esa diosa de verdes trenzas, como la llama Coleridge, altera su vestidura para deleite de aquéllos. La estatua es concentrada en un momento único de perfección. La imagen pintada sobre la tela no posee elemento espiritual alguno de crecimiento o de cambio. Si esos seres nada saben de la muerte es porque saben poco de la vida, porque los secretos de la vida y de la muerte pertenecen a aquellos y sólo a aquellos a quienes afecta la sucesión del tiempo, y que poseen, no sólo el presente, sino también el futuro, y pueden subir o caer desde un pasado de gloria o de vergüenza. El movimiento, ese problema de las artes visibles, sólo puede ser realizado verdaderamente por la literatura. Es la literatura la que nos muestra al cuerpo en su rapidez y al alma en su desasosiego.

ERNEST.—Sí. Ya comprendo qué quieres decir. Pero, sin duda, cuanto más elevas al artista creador, más bajo debes colocar al crítico.

GILBERT.—¿Por qué?

ERNEST.—Porque lo mejor que el crítico pueda darnos no será más que un eco de hermosa música, una vaga sombra de una forma claramente delineada. Puede ser, desde luego, que la vida sea caos, como me dices; y que sea función de la literatura crear con la materia prima de la existencia real un nuevo mundo más maravilloso, perdurable y auténtico que el mundo contemplado por los ojos corrientes y mediante el cual las naturalezas comunes procuran lograr su perfección. Pero, sin duda, si este nuevo mundo ha sido creado por el espíritu y la ejecución de un gran artista, será algo tan completo y perfecto que nada le quedará por hacer al

44

crítico. Comprendo ahora perfectamente: en realidad, estoy dispuesto a admitir que es mucho más difícil hablar de una cosa que hacerla. Pero me parece que este axioma profundo y razonable, que en verdad es muy reconfortante para nuestros sentimientos, y debiera ser adoptado como lema por todas las academias de literatura del mundo, se aplica solamente a las relaciones existentes entre el arte y la vida, y no a las que puedan existir entre el arte y la crítica.

GILBERT.—Mas, sin duda, la crítica es en sí misma un arte. Y así como la creación artística implica el funcionamiento de la facultad crítica, y, en realidad, sin ella no puede decirse que exista, así también la crítica es verdaderamente creadora en el más elevado sentido de la palabra. La crítica es, de modo real, creadora e independiente a un tiempo.

ERNEST.—¿Independiente?

GILBERT.—Sí, independiente. La crítica no debe ser juzgada por ningún mezquino patrón imitativo o de semejanza, del mismo modo que no debe serlo la obra del poeta o la del escultor. El crítico está en la misma relación con la obra de arte que critica que el artista con el mundo visible de la forma y del color, o con el mundo invisible de la pasión y del pensamiento. Ni siquiera necesita, para la perfección de su arte, los mejores materiales. Todo puede servir a su propósito. Y así como de los mezquinos y sentimentales amores de la tonta esposa de un mediquillo rural, en la insignificante población de Yonville-l'Abbaye, cerca de Ruán, Gustave Flaubert pudo crear algo clásico y una obra maestra de estilo, así, con temas de poca o ninguna importancia, tales como los cuadros de la Royal Academy de este año —o de cualquier año, por lo demás—, o los poemas del señor Lewis Morris, las novelas de M. Ohnet o las comedias del señor Henry Arthur Jones, el verdadero crítico puede, si le place, dirigir así o derrochar su facultad de contemplación, producir una obra impecable en punto a belleza y animada de sutileza intelectual. ¿Por qué? La opacidad ofrece siempre una irresistible tentación a la brillantez, y la estupidez es la permanente *Bestia Trionfans* que hace salir de su caverna a la sabiduría. Para un artista tan creador como el crítico..., ¿qué significa el tema? Ni más ni menos que lo que significa para el novelista y para el pintor. Como ellos, el crítico puede encontrar sus temas donde quiera. La manera de tratarlos es la piedra de toque. Nada hay que no contenga una sugestión o un desafío.

ERNEST.—Pero... ¿es realmente la crítica un arte creador?

GILBERT.—¿Por qué no había de serlo? Trabaja con materiales y los pone dentro de una forma a un tiempo nueva y deleitosa. ¿Qué más puede decirse de la poesía? En realidad, yo llamaría a la crítica una creación dentro de una creación. Porque así como los grandes artistas, desde Homero y Esquilo hasta Shakespeare y Keats, no fueron derechamente hacia la vida en procura de sus temas, sino que los buscaron en el mito, la leyenda y la narración antigua, así el crítico tiene que habérselas con materiales que otros, por así decirlo, han depurado para él y a los cuales les han sido agregados ya una forma y color imaginativos. Más aún: yo diría que la crítica más elevada, siendo la forma más pura de la impresión personal, es, a su modo, más creadora que la creación, ya que tiene menor relación con todo patrón externo a sí misma, y es, en rigor, su propia razón de existir, y —como dirían los griegos— es un fin en sí misma y para sí misma. Ciertamente, jamás se ve trabada por cualesquiera cadenas de verosimilitud. Sobre ella jamás influyen innobles consideraciones de probabilidad, esa cobarde concesión a las tediosas repeticiones de la vida doméstica y pública. Se puede apelar de la ficción ante el hecho, pero no se puede apelar del alma.

ERNEST.—¿Del alma?

GILBERT.—Sí, del alma. Eso es, en realidad, la crítica más elevada: el documento de nuestra propia alma. Es más fascinante que la historia, ya que se refiere simplemente a nosotros mismos. Es más deliciosa que la filosofía, ya que su tema es concreto y no abstracto, real y no vago. Es la única forma civilizada de la autobiografía, ya que no se refiere a los acontecimientos, sino a los pensamientos de nuestra vida: no a los accidentes materiales del hecho o de la circunstancia, sino a los estados de ánimo espirituales y a las pasiones imaginativas del pensamiento. Me divierte siempre la estúpida vanidad de aquellos escritores y artistas de nuestro tiempo, para quienes la función esencial del crítico, por lo visto, es charlar sobre sus obras de segundo orden. Lo mejor que puede decirse de la mayor parte del moderno arte creador es que resulta una pizca menos vulgar que la realidad; y, por lo tanto, el crítico, con su fino sentido de la distinción y su certero instinto del refinamiento delicado, preferirá mirar en el espejo de plata o a través de la trama del velo y apartará los ojos del caos y del estrépito de la vida real, aunque el espejo esté manchado y el velo roto. Su único objetivo es reseñar sus propias impresiones. Es para él para quien se pintan los cuadros, se escriben los libros y se cincela el mármol.

ERNEST.—Me parece haber oído otra teoría sobre la crítica.

47

GILBERT.—Sí. Un hombre cuyo amable recuerdo todos veneramos y la música de cuyo caramillo atrajera antaño a Proserpinas de sus campos sicilianos e hiciera revolver a esos blancos pies —y no en vano— las velloritas de Cumnor, dijo que el fin propio de la crítica es ver el objeto tal como es realmente. Pero esto es un error muy serio y no toma en cuenta la forma más perfecta de la crítica, que es en su esencia puramente subjetiva, que procura revelar su propio secreto y no el secreto ajeno. Porque la crítica más elevada se ocupa del arte, no como algo expresivo, sino como algo puramente grandioso.

ERNEST.—Pero... ¿es verdaderamente así?

GILBERT.—Desde luego. ¿A quién le importa si las opiniones del señor Ruskin sobre Turner son sólidas y profundas o no? ¿Qué más da? Ésa su majestuosa prosa, tan ardiente y de tan encendidos colores en su noble elocuencia, tan rica en su refinada música sinfónica, tan segura y cierta —en sus pasajes más felices—, en la sutil elección de la palabra y el epíteto, es por lo menos tan grande obra de arte como cualquiera de esos maravillosos crepúsculos que se decoloran o pudren en sus estropeadas telas de la England's Gallery: más grande, en realidad, puede pensarse a ratos, no sólo porque su homogénea belleza es más perdurable, sino a causa de la mayor variedad de su exhortación, ya que el alma le habla al alma en esas líneas de larga cadencia, no sólo mediante la forma y el color —aunque en éstas, por cierto, lo hace en forma completa y sin mengua—, sino con lenguaje intelectual y emotivo, con elevada pasión y más elevado pensamiento, con inquisición imaginativa y precisión poética; más grande, me parece siempre, así como la literatura es un arte más grande. ¿Quién se preocupa, asimismo, de que el señor Pater haya puesto en el retrato de Mona Lisa algo que Leonardo nunca soñó? El pintor puede haber sido simplemente el esclavo de una sonrisa arcaica, como han pensado algunos, mas siempre que entro en las frescas galerías del palacio del Louvre y me detengo ante esa extraña figura «instalada en su silla de mármol, en ese circo de rocas fantásticas, como en alguna tenue luz submarina», me susurro a mí mismo: «Es más vieja que las rocas sobre las cuales está sentada; como el vampiro, ha estado muerta muchas veces y ha aprendido los secretos de la tumba, y ha buceado en mares profundos y encontrado restos de naufragios, y comerciado extrañas telas con los mercaderes del Oriente, y, como Leda, ha sido la madre de Helena de Troya; y, como santa Ana, la madre de María; y todo esto sólo ha sido para ella rumor de liras y flautas, y vive solamente en la delicadeza con que se han modelado las cambiantes facciones y teñido los párpados y las manos». Y le dije a mi amigo: «La presencia que tan extrañamente se elevó así junto a las aguas, expresa lo que ha llegado a desear el hombre en el curso de millares de años». Y él me contestó: «En su cabeza culminan todos los extremos del mundo y los párpados están un poco fatigados».

»Y, así, el cuadro se vuelve para nosotros más maravilloso de lo que lo es en realidad, y nos revela un secreto del que, en verdad, nada sabe, y la música de la prosa mística es tan dulce para nuestros oídos como la música del flautista que dio a los labios de la *Gioconda* esas sutiles y ponzoñosas curvas. ¿Me preguntas qué habría replicado Leonardo si alguien le hubiese dicho de ese cuadro que «todos los pensamientos y experiencias del mundo habrían grabado y modelado en él lo que tenía de poder refinar y hacer expresiva la forma externa: animalidad de Grecia, la concupiscencia de Roma, el ensueño de la Edad Media con su ambición espiritual y amores imaginativos, el retorno del mundo pagano, los pecados de los Borgia»? Probablemente Leonardo hubiera contestado que no había pensado en una sola de estas cosas, sino que le importaban simplemente ciertas distribuciones de líneas y masas, nuevas y curiosas armonías del azul y del verde. Y, precisamente por esta razón, la crítica que he citado es crítica del tipo más alto. Trata la obra de arte, simplemente, como un punto de partida para una nueva creación. No se limita —supongámoslo al menos por el momento— a descubrir la verdadera intención del artista y a aceptarla como definitiva. Y en esto tiene razón, ya que el sentido de toda hermosura creada está, por lo menos, tanto en el alma de quien la mira como lo estuvo en el alma de quien la creó. Incluso es todavía más el contemplador quien da a la cosa bella su mirada de sentidos y la vuelve maravillosa para nosotros y la fija en alguna relación nueva con la época, de tal modo que esa cosa se convierte en parte vital de nuestras vidas y en un símbolo de aquello por lo que oramos, o quizá de aquello que, después de haberlo pedido en nuestras plegarias, tememos recibir. Cuanto más analizo, Ernest, veo con tanta mayor claridad que la belleza de las artes visibles, como la belleza de la música, obra esencialmente por impresión, y que puede verse estropeada —y en realidad sucede a menudo— por todo exceso de intención intelectual de parte del artista. Porque cuando la obra está acabada tiene, por así decirlo, una vida propia independiente y puede entregar un mensaje muy distinto del que ha sido puesto en sus labios. A veces, cuando escucho la obertura de *Tannhäuser*, me parece ver en realidad al gallardo caballero que pisa delicadamente la hierba salpicada de flores y oír la voz de Venus que le llama desde la caverna de la colina. En otras ocasiones esa obra me habla de mil cosas distintas, de mí mismo, quizá, y de mi propia vida o de las vidas de otros a quienes hemos amado y a quienes nos hemos cansado de amar, o de las pasiones que el hombre ha conocido, o de las pasiones que el hombre no ha conocido y por eso ha buscado. Esta noche podrá colmarnos de ese Ἔρως τῶν ἀδυνατῶν, ese *Amour de l'Impossible*, que anonada como una locura a muchos que creen vivir en forma segura y al margen de cualquier daño, de modo que se enferman súbitamente con el veneno de un ilimitado deseo, y en la infinita persecución de lo que no pueden obtener se debilitan y desfallecen o tropiezan. Mañana, como la música de que nos hablan Aristóteles y Platón, la noble música dórica de los griegos, esa obra podrá desempeñar el papel de un médico y darnos un inofensivo medicamento contra el dolor y curar el espíritu herido y «llevar el alma hacia la armonía con todas las cosas justas». Y lo que puede decirse de la música, puede predicarse también de todas las artes. La belleza tiene tantos sentidos como estados de ánimo el hombre. La belleza es el símbolo de los símbolos. La belleza revela todo, porque nada expresa. Cuando se muestra a sí misma, nos muestra al mundo entero de encendidos colores.

ERNEST.—Pero... ¿es crítica auténtica la labor de que has hablado?

GILBERT.—Es la más elevada de las críticas, porque no critica simplemente la obra de arte individual, sino la belleza misma, y llena de maravilla una forma que el artista puede haber dejado vacía o no comprendido o comprendido en forma incompleta.

ERNEST.—La crítica más elevada, pues, es más creadora que la creación, y el objetivo esencial del crítico es ver el objeto tal como no es realmente en sí mismo. Ésta es tu teoría, me parece..., ¿verdad?

GILBERT.—Sí, ésa es mi teoría. Para el crítico, la obra de arte es, simplemente, una sugestión para una nueva obra propia, que no necesita presentar de modo forzoso alguna semejanza evidente con la cosa que critica. La única característica de una cosa bella es que se puede poner en ella cuanto se quiere y ver en ella lo que se quiere ver; y la belleza, que le da a la creación su elemento universal y estético, hace del crítico un creador a su vez y le susurra mil cosas distintas que no estaban presentes en el pensamiento de quien esculpió la estatua, pintó el panel o cinceló la joya.

»Los que no entienden la naturaleza de la más elevada crítica ni la seducción del arte más elevado suelen decir que los cuadros sobre los cuales prefiere escribir el crítico son los que pertenecen al anecdotario de la pintura y se refieren a escenas tomadas de la literatura o de la historia. Pero no es así. En realidad, los cuadros de esta clase son demasiado inteligentes. Como género, están al nivel de las láminas, y aun considerados desde este punto de vista, son fracasos, ya que no agitan la imaginación, sino que le fijan límites definidos. Porque el dominio del pintor es, como ya he sugerido, ampliamente distinto del dominio del poeta. A este último le pertenece la vida en su plena y absoluta integralidad: no sólo la belleza que los hombres miran, sino también la belleza que los hombres escuchan; no sólo la momentánea gracia de la forma o la pasajera gracia del color, sino toda la esfera del sentimiento, el ciclo perfecto del pensamiento. El pintor está limitado a tal punto que sólo puede mostrarnos el misterio del alma a través de la máscara del cuerpo: sólo puede manejar las ideas mediante imágenes convencionales, sólo puede habérselas con la psicología mediante sus equivalentes físicos. ¡Y cuán inadecuadamente obra entonces al pedirnos que aceptemos el turbante roto del moro a cambio de la noble ira de Otelo, o a un viejo chocho en una tempestad a cambio de la salvaje locura del rey Lear! Sin embargo, se diría que nada puede detenerle. La mayoría de nuestros pintores ingleses emplean sus azarosas y despilfarradas vidas invadiendo los dominios de los poetas como cazadores furtivos, estropeando sus temas con un tratamiento torpe y esforzándose por obtener, con una forma o color visibles, la maravilla de lo que es invisible, el esplendor de lo que no se ve. Sus cuadros son, como natural consecuencia, insufriblemente aburridos. Han degradado las artes invisibles convirtiéndolas en las artes evidentes, y lo único que no vale la pena ver es lo evidente. No digo que el poeta y el pintor no puedan tratar el mismo tema. Siempre lo han hecho y siempre lo harán. Pero mientras el poeta puede ser pictórico o no, según prefiera, el pintor debe ser pictórico siempre. Porque el pintor está limitado, no a lo que ve en la naturaleza, sino a lo que puede ser visto sobre la tela.

»Y, por eso, mi querido Ernest, los cuadros de esta índole no fascinarán verdaderamente al crítico. Éste se apartará de ellos para volver hacia las obras que le hacen cavilar y soñar e imaginar, hacia las obras que poseen la sutil virtud de la sugestión y que parecen decirnos que en ellas existe la posibilidad de una evasión a un mundo más amplio. Suele decirse que la tragedia de la vida de un artista es que éste no puede realizar su ideal. Pero la verdadera tragedia que le pisa los talones a la mayoría de los artistas es que realizan su ideal en forma demasiado absoluta. Porque cuando el ideal queda realizado, se le priva de su maravilla y de su misterio y se convierte, simplemente, en un nuevo punto de partida para otro ideal. Ésta es la razón de que la música sea el tipo perfecto de arte. La música jamás puede revelar su secreto último. Esto, asimismo, explica el valor de las limitaciones en el arte. El escultor renuncia gustosamente al color imitativo y el pintor a las verdaderas dimensiones de la forma, porque mediante estas renuncias pueden evitar una presentación demasiado definida de lo real, lo que sería mera imitación y una realización demasiado definida de lo ideal, que también sería harto puramente intelectual. El arte se vuelve precisamente completo en belleza gracias a lo incompleto, y por eso no se dirige a la facultad del reconocimiento ni a la facultad de la razón, sino sólo al sentido estético, el cual, si bien acepta la razón y el reconocimiento como etapas de la comprensión, subordina ambas a una pura impresión sintética de la obra de arte como un todo, y tomando cualesquiera elementos emotivos extraños que pueda poseer la obra, usa su misma complejidad como medio de añadir una unidad más rica a la propia impresión esencial. Ya ves, pues, cómo el crítico estético rechaza esos modos evidentes de arte que sólo pueden transmitir un mensaje y que, después de haberlo transmitido, se tornan mudos y estériles, y busca más bien los modos que sugieren ensueño y cavilación y con su imaginativa belleza hacen ciertas todas las interpretaciones y ninguna interpretación fundamental. La labor creadora del crítico, sin duda, tendrá alguna semejanza con la labor que le ha impulsado a la creación, pero será una semejanza como la existente, no entre la naturaleza y el espejo que el pintor del paisaje o la figura puede ofrecerle por modo presunto, sino entre la naturaleza y la labor del artista decorativo. Así como sobre las alfombras sin flores de Persia el tulipán y la rosa florecen realmente y son de bello aspecto, a pesar de estar reproducidos en formas o líneas visibles, así como la perla y la púrpura de la caracola hallan ecos en la iglesia de San Marcos, de Venecia, así como el abovedado cielo raso de la pasmosa capilla de Ravena es espléndido gracias al oro y verde y zafiro de la cola del pavo real, aunque las aves de Juno no vuelan en él, así el crítico reproduce la obra que critica en forma que nunca es imitativa, y parte de cuyo encanto puede consistir realmente en el repudio de la semejanza, y nos muestra en esta forma, no tan sólo el sentido, sino también el misterio de la belleza, y transformando cada arte en literatura, resuelve de una vez por todas el problema de la unidad del arte.

»Pero veo que ya es hora de cenar. Después de haber discutido un poco de Chambertin y de algunos sabrosos hortelanos, pasaremos al tema de la crítica considerada a la luz del intérprete.

ERNEST.—¡Ah! Reconoces, pues, que ocasionalmente puede permitírsele al crítico que vea el objeto tal como es en sí mismo, en realidad.

GILBERT.—No estoy del todo seguro. Quizá pueda admitirlo después de la cena. En la cena existe una sutil influencia.

EL CRÍTICO COMO ARTISTA

CON ALGUNAS OBSERVACIONES SOBRE
LA IMPORTANCIA DE DISCUTIRLO TODO

PERSONAJES: Los mismos.
ESCENARIO: El mismo.

DIÁLOGO

PARTE II

ERNEST.—Los hortelanos han estado deliciosos y el Chambertin perfecto. Y ahora volvamos al punto en debate.

GILBERT.—¡Ah! No hagamos tal cosa. La conversación debe tocarlo todo, pero no concentrarse en cosa alguna. Hablemos de «La indignación moral, su causa y curación», tema sobre el que pienso escribir, o de «La supervivencia de Tersites», tal como la exhiben los periódicos cómicos ingleses, o de cualquier tema que se presente.

ERNEST.—No: quiero discutir del crítico y de la crítica. Me has dicho que la crítica superior se refiere al arte, no como algo expresivo, sino como algo puramente grandioso, y es, por tanto, a un tiempo creadora e independiente; es, en realidad, un arte en sí, teniendo la misma relación que la labor creadora con el mundo visible de la forma y el color o el mundo invisible de la pasión y el pensamiento. Pues bien..., dime ahora..., ¿no suele ser el crítico un verdadero intérprete?

GILBERT.—Sí: el crítico puede ser un intérprete, si quiere serlo. Puede pasar de su sintética impresión de la obra de arte como un todo a un análisis o exposición de la obra misma; y en esta esfera inferior, como ya he sostenido, pueden decirse y hacerse muchas cosas deliciosas. Con todo, su objeto no será siempre la explicación de la obra de arte. El crítico podrá intentar más bien ahondar su misterio, suscitar en torno a la obra y a su creador esa bruma de maravilla que es igualmente cara a los dioses y a los adoradores. La gente común está «espantosamente a sus anchas en Sión». Se propone caminar del brazo con los poetas y tiene una manera voluble e ignorante de decir: «¿Por qué hemos de leer lo que se ha escrito sobre Shakespeare y Milton? Podemos leer los dramas y los poemas. Eso basta». Pero una estimación de Milton constituye, como lo observara en cierta ocasión el difunto rector de Lincoln, el premio a una consumada erudición. Y quien desea comprender verdaderamente a Shakespeare debe comprender las relaciones de Shakespeare con el Renacimiento y con la Reforma, con la época de Isabel y de Jacobo: debe estar familiarizado con la historia de la lucha por la supremacía entre las antiguas formas clásicas y el nuevo espíritu del romanticismo, entre la escuela de Sidney y Daniel y Johnson y la escuela de Marlowe y del más grande de los hijos de Marlowe; debe conocer los materiales que tuvo Shakespeare a su disposición y el método con que los usó y las condiciones de la representación teatral en los siglos XVI y XVII, sus limitaciones y oportunidades de libertad y la crítica literaria de la época de Shakespeare, sus objetivos y modos de cánones; debe estudiar el idioma inglés en su progreso y el verso libre y el aconsonantado en sus diversas evoluciones; debe estudiar el teatro griego y la relación entre el arte del creador del *Agamenón* y el arte del creador de *Macbeth*. En una palabra, debe ser capaz de vincular al Londres isabelino con la Atenas de Pericles y enterarse de la verdadera posición de Shakespeare en la historia del teatro europeo y del teatro universal. El crítico será ciertamente un intérprete, pero no tratará al arte como a una enigmática esfinge, cuyo superficial secreto puede ser descubierto por quien tiene los pies heridos y no sabe su nombre. Más bien considerará al arte una diosa, cuyo misterio le incumbe intensificar y cuya majestad tiene el privilegio de hacer más maravillosa a los ojos de los hombres.

»Y aquí, Ernest, ocurre algo extraño. El crítico puede ser, sin duda, un intérprete, pero no será un intérprete en el sentido de un hombre que se limita a repetir en otra forma un mensaje puesto en sus labios para su transmisión. Porque así como sólo mediante el contacto con el arte de las demás naciones el arte de un país obtiene esa vida personal y distinta que llamamos nacionalidad, así, por curiosa inversión, sólo intensificando su propia personalidad puede interpretar el crítico la personalidad y la obra de los demás, y cuanto mayor es la fuerza con que esta personalidad interviene en la interpretación, tanto más real se vuelve ésta, tanto más satisfactoria, tanto más convincente y veraz.

ERNEST.—Yo diría que la personalidad puede ser un elemento perturbador.

GILBERT.—No. Es un elemento de revelación. Si quieres comprender a los demás, debes intensificar tu propio individualismo.

ERNEST.—¿Cuál es el resultado, pues?

GILBERT.—Te lo diré y quizá pueda decírtelo mejor con un ejemplo definido. Me parece que si bien el crítico literario ocupa desde luego el primer lugar, por po-

61

seer el radio de acción más amplio y la visión más vasta
y el material más noble, cada una de las artes tiene un
crítico asignado, por así decirlo. El actor es un crítico
del drama. Muestra la labor del poeta en condiciones
nuevas y con un método específico. Toma la palabra
escrita, y la acción, el gesto y la voz se convierten en
medio de revelación. El cantor o el ejecutante de laúd y
de violín es el crítico de música. El grabador de un cuadro le quita al cuadro sus bellos colores, pero nos muestra con el uso de un material nuevo su verdadera condición de color, sus tonos y valores y las relaciones de sus
masas, y es así, a su modo, un crítico del cuadro, porque el crítico es quien nos muestra una obra de arte en
una forma distinta a la de la obra misma, y el empleo de
un material nuevo es un elemento crítico, así como
creador. La escultura, asimismo, tiene a su crítico, que
puede ser, o bien el cincelador de una joya, como ocurría en tiempos de los griegos, o algún pintor como
Mantegna, que intentaba reproducir sobre el lienzo la
belleza de la línea plástica y la dignidad sinfónica del
bajorrelieve procesional. Y en el caso de todos estos
críticos creadores de arte, es evidente que la personalidad es un elemento absolutamente esencial para toda
interpretación real. Cuando Rubinstein nos toca la *Sona-
ta appasionata*, de Beethoven, no nos da simplemente a
Beethoven, sino que también se nos da a sí mismo, y así
nos brinda a Beethoven en forma absoluta, a Beethoven
reinterpretado mediante una rica naturaleza artística y
nos torna vívida y maravillosa una personalidad nueva
e intensa. Cuando un gran actor interpreta a Shakespeare, nuestra experiencia es la misma. Su propia personalidad se convierte en parte vital de la interpretación. La gente suele decir que los actores nos dan sus

Hamlets, y no el de Shakespeare: y este sofisma —porque es un sofisma— es repetido, lamento decirlo, por el escritor delicioso y lleno de gracia que abandonó hace poco el torbellino de la literatura por la paz de la Cámara de los Comunes. Me refiero al autor de *Obiter Dicta*.[5] En realidad, el Hamlet de Shakespeare no existe. Si Hamlet tiene algo de la nitidez propia de la obra de arte, posee también toda la oscuridad propia de la vida. Hay tantos Hamlets como melancolías.

ERNEST.—¿Tantos Hamlets como melancolías?

GILBERT.—Sí, y como el arte surge de la personalidad, sólo puede serle revelado a la personalidad, ya que de la conjunción de ambos —arte y personalidad— surge la crítica interpretativa exacta.

ERNEST.—¿De modo que el crítico, considerado como intérprete, dará no menos de lo que recibe y prestará tanto como toma en préstamo?

GILBERT.—Nos mostrará siempre a la obra de arte en alguna relación nueva con nuestra época. Nos recordará siempre que las grandes obras de arte son cosas vivas: son, en realidad, las únicas cosas que viven. En rigor, sentirá esto a tal punto que estoy seguro de que, a medida que la civilización progrese y nuestra constitución sea más elevada, los espíritus selectos de cada época, los espíritus críticos y cultos, se interesarán cada vez menos por la vida real y *tratarán de obtener sus impresiones casi exclusivamente de lo que ha tocado el arte*. Porque la vida es espantosamente deficiente en su forma. Sus catástrofes se producen en forma errónea y afectan a la gente que no debieran afectar. En sus comedias hay un horror grotesco y sus tragedias parecen

5. Augustine Birrell. (*N. del e.*)

culminar en la farsa. Siempre nos sentimos heridos al aproximarnos a ella. Las cosas duran demasiado o no duran lo suficiente.

ERNEST.—¡Pobre vida! ¡Pobre vida humana! ¿No te conmueven siquiera las lágrimas, que, según el poeta romano, forman parte de su esencia?

GILBERT.—Temo que me conmueven con harta rapidez. Porque cuando se vuelven los ojos retrospectivamente hacia la vida, que ha sido tan vívida en su intensidad emotiva y llena de tan fervorosos momentos de éxtasis o de alegría, todo ello parece un sueño y una ilusión. ¿Qué son las cosas irreales sino las pasiones que me quemaron antaño como un fuego? ¿Qué son las cosas increíbles sino las cosas en que se ha creído a pies juntillas? ¿Qué son las cosas improbables? Las cosas que nosotros mismos hemos hecho. No, Ernest: la vida nos engaña con sombras, como un titerero. Le pedimos placer. Nos lo da, trayendo éste a la zaga amargura y desilusión. Encontramos algún noble dolor que suponemos dará a nuestra vida la dignidad de púrpura de la tragedia, pero ese dolor se esfuma y es sustituido por cosas menos nobles, y algún amanecer ventoso y gris, o una fragante vigilia de silencio y de plata descubrimos y contemplamos con despiadado asombro, o con embotado corazón de piedra, las trenzas manchadas de oro que antaño adorábamos con tanta desesperación y besáramos tan locamente.

ERNEST.—¿De modo que la vida es un fracaso?

GILBERT.—Desde el punto de vista artístico, ciertamente. Y lo que más convierte la vida en un fracaso, desde el punto de vista artístico, es precisamente lo que le da su mezquina seguridad: el hecho de que nunca podemos repetir exactamente la misma emoción. ¡De cuán distinto modo ocurren las cosas en el mundo del arte! Sobre un estante de la biblioteca que está a tus espaldas se halla *La divina comedia*, y sé que, si la abrimos en determinada página, me colmará de un odio feroz a quien nunca me hizo mal o me conmoverá un gran amor por alguien a quien nunca veré. No hay estado de ánimo de la pasión que no pueda darnos el arte, y los que hemos descubierto su secreto podemos determinar con antelación cuáles serán nuestras experiencias. Podemos elegir nuestro día y nuestra hora. Podemos decirnos: «Mañana, al amanecer, iremos con el grave Virgilio a través del valle de sombra de la muerte». Y he aquí que el amanecer nos encuentra en el oscuro bosque y el poeta de Mantua se halla a nuestro lado. Franqueamos las puertas de la leyenda fatal a la esperanza, y con piedad o con alegría contemplamos el horror de otro mundo. Pasan a nuestro lado los hipócritas, con sus rostros pintados y sus capuchones de plomo dorado. Desde los incesantes vientos que los arrastran, nos miran los lascivos y vemos a los herejes desgarrar sus carnes y a los glotones fustigados por la lluvia. Rompemos las marchitas ramas del árbol en el bosquecillo de las arpías, y cada oscura y ponzoñosa ramita sangra con roja sangre ante nosotros y grita con amargos gritos. Odiseo nos habla desde un cuerno de fuego, y cuando el gran gibelino se levanta de su sepulcro de llamas, el orgullo que triunfa sobre la tortura de ese lecho se vuelve nuestro por un momento. A través de los vagos aires purpúreos vuelan los que han mancillado al mundo con la belleza de su pecado, y en el foso de la repulsiva enfermedad, atacado por la parálisis e hinchado el cuerpo hasta asemejarse a un monstruoso laúd, yace Adamo di Brescia, el monedero falso. Nos

ruega que escuchemos sus penas: nos detenemos y, con
resecos y entreabiertos labios, Adamo nos cuenta cómo
sueña día y noche con los arroyos de límpida agua que,
en frescos canales de rocío, se precipitan cuesta abajo
de las verdes colinas casentinas. Sinon, el pérfido griego de Troya, se burla de él. Lo golpea en el rostro y
riñen. Su vergüenza nos fascina y seguimos vagando,
hasta que Virgilio nos censura y nos lleva a la ciudad
coronada de gigantes, donde el gran Nemrod hace sonar su cuerno. Terribles cosas nos esperan y vamos a
su encuentro con el indumento del Dante y el corazón
del Dante. Atravesamos los pantanos de la Estigia, y
Argenti nada hacia la barca a través de las cenagosas
ondas. Nos llama y le rechazamos. Al oír la voz de su
tormento, nos alegramos y Virgilio nos alaba por la
amargura de nuestro desdén. Hollamos el frío cristal
del Cocito, en que los traidores se atascan como pajas
en el vidrio. Nuestro pie golpea contra la cabeza de
Boccea. Éste no quiere decirnos su nombre y le arranca-
mos el cabello a mechones del cómico cráneo. Alberigo
nos suplica que rompamos el hielo sobre su rostro, para
poder llorar un poco. Se lo prometemos, y cuando ha
contado su dolorosa historia, negamos nuestra palabra
y pasamos de largo: esta crueldad es, en realidad, corte-
sía, ya que... ¿quién más vil que el piadoso del condenado por Dios? En las mandíbulas de Lucifer vemos al
hombre que vendió a Cristo y en ellas también al hombre que mató a César. Temblamos y nos adelantamos a
contemplar de nuevo las estrellas.

»En el Purgatorio el aire está más despejado y la santa montaña se yergue en la pura luz del día. Hay paz
para nosotros y también alguna paz para quienes habi-
tan allí durante una temporada, aunque, pálida a causa

del veneno de la Maremma, pasa ante nosotros Madonna Pia y está allí Ismene, aún con el dolor de la Tierra. Alma tras alma, todas nos hacen compartir algún arrepentimiento o alguna alegría. Aquel a quien el duelo de su viuda enseñó a beber el dulce ajenjo del dolor, nos habla de Nella, que reza en su solitario lecho, y nos enteramos por boca de Buonconte de cómo una sola lágrima puede salvar del demonio a un pecador moribundo. Sordello, el noble y desdeñoso lombardo, nos acecha desde lejos como un león tendido. Al enterarse de que Virgilio es un ciudadano de Mantua, se echa sobre su cuello, y al enterarse de que es el cantor de Roma, cae a sus pies. En ese valle, donde las hierbas y flores son más bellas que la hendida esmeralda y la madera india, y más brillantes que la grana y la plata, cantan quienes en el mundo fueron reyes: pero los labios de Rodolfo de Habsburgo no se mueven con la música de los demás, y Felipe de Francia se golpea el pecho y Enrique de Inglaterra está sentado aparte. Seguimos nuestro camino, ascendiendo por la maravillosa escalera, y las estrellas se vuelven más grandes que de costumbre y el canto de los reyes más tenue, y, finalmente, llegamos a los siete árboles del oro y al jardín del Paraíso Terrenal. En una carroza arrastrada por un grifo aparece un ser cuyas sienes están ceñidas de olivo, con un velo blanco y un manto verde y una veste que parece de fuego. La antigua llama despierta en nosotros. Nuestra sangre revive en tremendas pulsaciones. La reconocemos. Es Beatriz, la mujer que hemos adorado. El hielo congelado en nuestros corazones se derrite. Se nos escapan frenéticas lágrimas de angustia y abatimos la frente, sabiendo que hemos pecado. Hecha ya nuestra penitencia y purificados, y después de haber bebido en el manantial del Leteo y de habernos bañado en el manantial del Eunoe, la señora de nuestra alma nos eleva al Paraíso de los Cielos. Desde la Luna, perla eterna, se inclina hacia nosotros el rostro de Piccarda Donati. Su belleza nos turba por un instante, y cuando, como algo que cae a través del agua, se desvanece, la seguimos con la mirada, con pensativos ojos. El dulce planeta Venus está lleno de amantes. Están ahí Cunizza, la hermana de Ezzelino, la dama de los pensamientos de Sordello y Folco, el apasionado cantor de la Provenza, que, en su congoja por Azalais, abandonó el mundo, y la ramera de Canaán, que fue la primera redimida por Cristo. Joaquín de Fiore está parado al Sol; y, bajo el Sol, santo Tomás de Aquino narra la historia de san Francisco, y Buenaventura la historia de santo Domingo. Cacciaguida se acerca por entre los ardientes rubíes de Marte. Nos habla de la flecha lanzada por el arco del desterrado y de cómo sabe a sal el pan ajeno y de cuán empinada es la escalera en la casa del extraño. En Saturno, el alma no canta, y aun la que nos guía no se atreve a sonreír. Sobre una escalerita de oro, las llamas suben y bajan. Finalmente, vemos el espectáculo de la Rosa Mística. Beatriz fija sus ojos en el rostro de Dios para no apartarlos ya. Nos es concedida la beatífica visión: logramos conocer al Amor que mueve al Sol y a todos los demás astros.

»Sí, podemos hacer retroceder a la Tierra seiscientos recorridos e identificarnos con el gran florentino, hincarnos ante el mismo altar que él y compartir su éxtasis y su desdén. Y si nos sentimos fatigados de una época antigua y deseamos comprender a nuestro propio tiempo en toda su lasitud y pecado..., ¿no existen acaso libros que pueden hacernos vivir más en una sola hora que la vida en un gran número de vergonzosos años? Cerca de tu mano yace un pequeño volumen, encuadernado en un cuero verde Nilo, espolvoreado con dorados nenúfares y alisado con duro marfil. Es el libro que amara Gautier, es la obra maestra de Baudelaire. Ábrelo en el melancólico madrigal que comienza diciendo:

Que m'importe que tu sois sage?
Sois belle! et sois triste!,

y adorarás al dolor como nunca adoraste a la alegría. Sigue hacia el poema sobre el hombre que se atormenta a sí mismo, deja que su música sutil se te infiltre en el cerebro y coloree tus pensamientos, y te convertirás por un momento en lo que era quien lo escribió. Más aún, no sólo durante un momento, sino durante muchas estériles noches de luna y muchos estériles días sin sol, morará contigo una desesperación que no es la tuya, y el dolor de otro te roerá el corazón. Lee el libro, déjale decir todos sus secretos a tu alma, y tu alma se sentirá ansiosa por conocer más y te alimentará de miel venenosa y procurará arrepentirse de extraños crímenes de los cuales es inocente y expiar terribles placeres que jamás conoció. Y luego, cuando te hayas cansado de esas flores del mal, vuélvete hacia las flores que crecen en el jardín de Perdita y refresca tu febril frente en sus cálices empapados de rocío y deja que su hermosura cure y restablezca tu alma, o bien despierta de su olvidada tumba al dulce sirio, Meleagro, y dile al amante de Heliodora que haga música para ti, porque también él tiene flores en su canto, rojos capullos de granado y efémeros que huelen a mirra, anillados narcisos y

69

jacintos de color azul oscuro, y mejorana y ondulados ojos de buey. Caro le era el perfume del campo de habas en la noche, y caro el fragante y espigado nardo, que crecía sobre las colinas sirias, y el fresco tomillo y el encanto del copa-de-vino. Los pies de su amor, al caminar Heliodora por el jardín, eran como lirios posados sobre lirios. Sus labios eran más suaves que los pétalos de la amapola cargada de sueño, más suaves que las violetas e igualmente perfumados. El llameante azafrán salía de la hierba para mirarla. Para ella almacenaba la fresca lluvia el esbelto narciso y por ella olvidaban las anémonas los vientos de Sicilia que las galanteaban. Y ni el azafrán, ni la anémona ni el narciso eran tan bellos como ella.

»Esta transferencia de la emoción es algo extraño. Sufrimos las mismas enfermedades de los poetas y el cantor nos presta su dolor. Los labios muertos tienen su mensaje para nosotros, y los corazones, reducidos a polvo, pueden comunicarnos su alegría. Corremos a besar la sangrante boca de Fantina y seguimos a Manon Lescaut por el mundo entero. Nuestra es la locura de amor de los tirios y también el terror de Orestes. No hay pasión que no podamos sentir, ni placer que no pueda deleitarnos, y podemos elegir el momento de nuestra iniciación y también el de nuestra libertad. ¡La vida! ¡La vida! No vayamos a la vida para nuestra realización o nuestra experiencia. Es algo empequeñecido por las circunstancias, incoherente en su expresión y sin esa hermosa correlación de forma y espíritu que es lo único susceptible de satisfacer al temperamento artístico y crítico. Nos obliga a pagarle harto caro sus mercancías y compramos el menor de sus secretos a un precio monstruoso e infinito.

ERNEST.—¿Debemos, pues, buscarlo todo en el arte?

GILBERT.—Todo. Porque el arte no nos hiere. Las lágrimas que derramamos ante un drama son el prototipo de las emociones exquisitas y estériles que el arte tiene la misión de suscitar. Lloramos, pero no nos vemos heridos. Sufrimos, pero nuestro dolor no es amargo. En la vida real del hombre, la pena, como dice Spinoza en alguna parte, es una transición a una perfección menor. Pero la pena de que nos colma el arte purifica e inicia a un tiempo, si se me permite citar una vez más al gran crítico de arte de los griegos. Mediante el arte —y sólo mediante el arte— podemos lograr nuestra perfección; mediante el arte —y sólo mediante el arte— podemos protegernos de los sórdidos peligros de la vida real. Esto no resulta simplemente del hecho de que nada de lo que podamos imaginarnos vale la pena de hacerse y de que podemos imaginarlo todo, sino de la sutil ley de que las fuerzas emotivas, como las de la esfera física, son limitadas en alcance y energía. Se puede sentir hasta cierto punto, y no más. ¿Y cómo puede importar con qué placer procura tentarnos la vida o con qué dolor trata de mutilarnos y estropearnos el alma, si en el espectáculo de las vidas de quienes nunca existieron encontramos el verdadero secreto de la alegría y lloramos sobre las muertes de quienes, como Cordelia y la hija de Brabancio, jamás podrán morir?

ERNEST.—Un momento. Me parece que en todo lo que acabas de decir hay algo de fundamentalmente inmoral.

GILBERT.—Todo arte es inmoral.

ERNEST.—¿Todo?

GILBERT.—Sí. Porque la emoción por la emoción es

el fin del arte, y la emoción por la acción es el fin de la vida y de esa organización práctica de la vida que llamamos sociedad. La sociedad, que es el principio y base de la moral, existe simplemente para la concentración de la energía humana, y a fin de asegurar su propia continuidad y sana estabilidad exige de cada ciudadano —y sin duda con razón— que contribuya con alguna forma de trabajo productivo al bienestar común y se afane para que pueda hacerse la labor de la jornada. La sociedad perdona a menudo al delincuente, jamás perdona al soñador. Las hermosas emociones estériles que el arte provoca en nosotros son aborrecibles a los ojos de la sociedad, y la gente está tan absolutamente dominada por la tiranía de ese espantoso ideal social, que siempre concurre desvergonzadamente a las exposiciones privadas y a otros sitios semejantes abiertos al público en general, y dice, con estentórea voz: «¿Qué están haciendo ustedes?», en tanto que «¿qué están pensando ustedes?» es la única pregunta que debe permitírsele murmurar a un ser civilizado que habla con otro. Esa gente honesta y alegre, sin duda, tiene buenas intenciones. Quizá sea por eso por lo que es tan exageradamente aburrida. Pero alguien debiera enseñarles que si bien, en opinión de la sociedad, la contemplación es el más grave de los pecados en que puede haber incurrido un ciudadano, en opinión de la más alta cultura es la ocupación adecuada del hombre.

ERNEST.—¿La contemplación?

GILBERT.—La contemplación. Te dije, hace poco, que era mucho más difícil hablar de una cosa que hacerla. Permíteme decirte, ahora, que no hacer cosa alguna es lo más difícil del mundo, lo más difícil y lo más intelectual. Para Platón, con su pasión por la sabiduría, era la forma más noble de la energía. Para Aristóteles, con su pasión por el conocimiento, era también la forma más noble de la energía. Fue a esto a lo que condujo la pasión por la santidad al santo y al místico de la época medieval.

ERNEST.—¿De modo que existimos para no hacer nada?

GILBERT.—Para eso existen los elegidos. La acción es limitada y relativa. Ilimitada y absoluta es la visión de quien se sienta ocioso y observa, de quien camina en la soledad y sueña. Pero los que hemos nacido en el término de esta edad maravillosa somos, a un tiempo, demasiado cultos y demasiado críticos, demasiado sutiles intelectualmente y demasiado interesados por los placeres exquisitos, para aceptar cualquier especulación sobre la vida a cambio de la vida misma. Para nosotros, la *città divina* es incolora y la *fruitio Dei* carece de sentido. La metafísica no satisface a nuestro temperamento y el éxtasis religioso es algo anticuado. El mundo mediante el cual el filósofo académico se convierte en «el espectador de todo tiempo y toda existencia», no es en realidad un mundo ideal, sino simplemente un mundo de ideas abstractas. Cuando penetramos en él, pasamos hambre entre las heladas matemáticas del pensamiento. Los patios de la ciudad de Dios no nos están abiertos ahora. Sus puertas están custodiadas por la ignorancia, y para franquearlas tenemos que renunciar a cuanto hay de más divino en nuestra naturaleza. Basta con que hayan creído nuestros antepasados. Ellos han agotado la capacidad de fe de la especie. El legado que nos han dejado es el escepticismo que temían. De haberlo vertido nuestros antepasados en palabras, quizá no viviría en nosotros como pensamiento. No, Ernest, no. No podemos volver al santo. Se puede aprender mucho más del pecador. No podemos volver al filósofo, y el místico nos extravía. ¿Quién, como sugiere en alguna parte Pater, permutaría la curva de una sola hoja de la rosa por ese Ser intangible e informe que tan alto sitúa Platón? ¿Qué es para nosotros la inspiración de Philo, el abismo de Eckhart, la visión de Böhme, el monstruoso cielo mismo revelado a los cegados ojos de Swedenborg? Tales cosas significaron menos que la trompeta amarilla de un solo narciso del campo, mucho menos que la más humilde de las artes visibles. Porque así como la naturaleza es la materia esforzándose por convertirse en pensamiento, así el arte es el pensamiento expresándose en las condiciones de la materia, y por eso, hasta en la más baja de sus manifestaciones, habla igualmente a los sentidos y al alma. Al temperamento estético le causa siempre repulsión lo vago. Los griegos eran una nación de artistas porque hacían caso omiso del sentimiento del infinito. Como Aristóteles, como Goethe después de haber leído a Kant, deseamos lo concreto, y sólo lo concreto puede satisfacernos.

ERNEST.—¿Qué propones, pues?

GILBERT.—Me parece que con el desarrollo del espíritu crítico seremos capaces de realizar, no sólo nuestras vidas, sino también la vida colectiva de la especie y volvernos así absolutamente modernos, en el verdadero sentido de la palabra «modernidad». Porque para quien el presente es lo único presente, ése nada sabe de la época en que vive. Para comprender el siglo XIX, debemos comprender todos los siglos que lo han precedido y que han contribuido a su composición. Para saber algo sobre nosotros mismos debemos saberlo todo sobre los demás. No hay estado de ánimo con el que no podamos simpatizar, modo de vida muerto que no se pueda hacer vivir. ¿Eso es imposible? No lo creo. Al revelarnos el mecanismo absoluto de toda acción y al liberarnos así de la molesta carga de la responsabilidad moral, impuesta por nosotros mismos, el principio científico de la herencia se ha convertido, por así decirlo, en la justificación de la vida contemplativa. Nos ha demostrado que nunca somos menos libres que cuando tratamos de obrar. Nos ha aprisionado con las redes del cazador y ha escrito sobre el muro la profecía de nuestra condena. Quizá no la notemos, porque está dentro de nosotros. Quizá no la veamos, salvo en un espejo que refleje el alma. Es Némesis sin su máscara. Es el último de los hados y el más tremendo. Es el único de los dioses cuyo verdadero nombre conocemos.

»Y con todo, aunque en la esfera de la vida práctica y externa le ha quitado su libertad en la energía y su capacidad de elección a la actividad, en la esfera subjetiva, donde opera el alma, esta terrible sombra nos llega con muchos dones en sus manos, dones de extraños temperamentos y de sutiles susceptibilidades, dones de salvajes ardimientos y de estados de ánimo fríos e indiferentes, de complejos y multiformes dones de pensamientos que se contradicen entre sí y de pasiones en guerra consigo mismas. Y por eso no es nuestra propia vida la que vivimos, sino la vida de los muertos; y el alma que mora dentro de nosotros no es un ente espiritual único, que nos hace personales e individuales, que ha sido creada para servirnos y que penetra en nosotros para nuestra alegría. Es algo que ha morado en espantosos lugares y se ha alojado en antiguos sepulcros. Es algo que sufre de muchísimas enfermedades y que recuerda extraños pecados. Es algo más sabio que nosotros y cuya sabiduría es más amarga. Nos llena de deseos imposibles y nos hace perseguir lo que sabemos de imposible obtención para nosotros. Pero hay una cosa que eso puede hacer por nosotros, Ernest. Puede apartarnos de atmósferas cuya belleza nos es empañada por la niebla de la familiaridad, o cuya innoble fealdad y despreciables pretensiones estropean la perfección de nuestro desarrollo. Puede ayudarnos a abandonar la época en que hemos nacido y pasar a otras y no sentirnos desterrados de su medio. Puede enseñarnos a huir de nuestra experiencia y realizar las experiencias de quienes son más grandes que nosotros. El dolor de Leopardi, al clamar contra la vida, se convierte en nuestro dolor. Teócrito toca su caramillo y reímos con los labios de la ninfa y con los del pastor. En la piel de lobo de Pierre Vidal huimos de los sabuesos y en la armadura de Lanzarote huimos de la glorieta de la reina. Hemos murmurado el secreto de nuestro amor bajo la cogulla de Abelardo, y con el sucio indumento de Villon hemos vertido en canto nuestra vergüenza. Podemos ver el alma con los ojos de Shelley, y cuando erramos con Endimión, la Luna se enamora de nuestra juventud. Nuestra es la angustia de Atis y nuestras son la débil ira y la noble pena del danés. ¿Crees que es la imaginación quien nos permite vivir esas innumerables vidas? Sí, es la imaginación. Y la imaginación es el resultado de la herencia. Es, simplemente, la concentrada experiencia de la especie.

ERNEST.—Pero, ¿dónde está aquí la función del espíritu crítico?

GILBERT.—La cultura que hace posible esta transmisión de experiencias de la especie puede ser convertida en perfecta solamente por el espíritu crítico, y, en realidad, puede considerarse identificada con él. Porque... ¿quién, sino el verdadero crítico, lleva en sí mismo los sueños e ideas y sentimientos de miríadas de generaciones, no siéndole extraña forma alguna de pensamiento, no resultándole oscuro impulso emotivo alguno? ¿Y quién es el auténtico hombre culto sino el que, mediante la fina erudición y el escrupuloso repudio, ha hecho al instinto consciente de sí mismo e inteligente, y puede separar la obra que posee distinción de la obra que no la posee, y así, por contacto y comparación, se adueña de los secretos de estilo y escuela, y comprende sus significados, y escucha sus voces, y desarrolla ese espíritu de desinteresada curiosidad que es la verdadera raíz —así como la verdadera flor— de la vida intelectual, y alcanza así la claridad intelectual, y habiendo logrado así «lo mejor que se sabe y piensa en el mundo», vive —no es antojadizo decirlo— con quienes son los inmortales?

»Sí, Ernest. La vida contemplativa, la vida que tiene por objeto, no el *hacer*, sino el *ser*, y no el *ser* solamente, sino el *llegar a ser*, es la que puede darnos el espíritu crítico. Los dioses viven así: o bien cavilando sobre su propia perfección, como nos dice Aristóteles, o, como supuso Epicuro, observando con los tranquilos ojos del espectador la tragicomedia del mundo que han hecho. También nosotros podríamos vivir con ellos y aprestarnos a presenciar, con emociones adecuadas, las variadas escenas que brindan el hombre y la naturaleza. Podemos hacernos espirituales aislándonos de la acción y tornarnos perfectos con el repudio de la energía. A menudo me ha parecido que Browning intuyó algo de esto. Shakespeare lanza a Hamlet a la vida activa y le hace cumplir su misión con el esfuerzo. El episodio y el hecho eran para él algo irreal o carente de sentido. Hizo del alma el protagonista de la tragedia de la vida y consideró a la acción el único elemento no dramático de una pieza teatral. Para nosotros, sea como fuere, la Βιός Θεωρητίκος⁶ es el verdadero ideal. Desde la alta torre del pensamiento podemos mirar el mundo. Sereno, centrado y completo, el crítico estético contempla la vida y ninguna flecha lanzada al azar puede atravesar las articulaciones de su coraza. Él, al menos, está a salvo. Ha descubierto la manera de vivir.

»¿Es inmoral ese modo de vida? Sí: todas las artes son inmorales, salvo esas formas inferiores del arte sensual o didáctico que procuran incitar a la acción, ya sea mala o buena. Porque la acción de toda índole corresponde a la esfera de la ética. El objetivo del arte, simplemente, es crear un estado de ánimo. ¿Es poco práctico este modo de vida? ¡Ah! El ser poco práctico no es tan fácil como supone el ignorante filisteo. Ojalá fuese así, en bien de Inglaterra. En todo el mundo no hay un país con tanta necesidad de gente poco práctica como el nuestro. Entre nosotros, el pensamiento se ve envilecido por su constante asociación con la práctica. ¿Qué hombre lanzado a la tensión y al torbellino de la vida real, ya sea estrepitoso político o fanfarrón reformista social, o pobre sacerdote de estrechos puntos de vista, cegado por los sufrimientos de la insignificante sección de la comunidad a la cual se ha dedicado, puede declararse seriamente capaz de formarse un juicio intelectual desinteresado sobre cualquier cosa? Cada una de las profesiones implica un prejuicio. La necesidad de una carrera fuerza a todos a tomar partido. Vivimos en la

6. Vida contemplativa. (*N. del e.*)

edad de los que trabajan en exceso y de los supercultos: la edad en que la gente es tan laboriosa que se vuelve totalmente estúpida. Y por ásperas que puedan parecer mis palabras, no puedo dejar de decirte que esa gente me parece merecedora de su suerte. La forma segura de no saber ni pizca de la vida es tratar de hacerse útil.

ERNEST.—Encantadora doctrina, Gilbert.

GILBERT.—No estoy seguro de que así sea, pero tiene al menos el mérito menor de ser cierta. La circunstancia de que el deseo de hacerles el bien a los demás produzca una abundante cosecha de pedantes es el menor de los males que causa. El pedante constituye un estudio psicológico muy interesante, y aunque, de todas las *poses*, la moral es la más agravante, ya es algo el tener una *pose*. Ello constituye un formal reconocimiento de la importancia de tratar a la vida desde un punto de vista definido y razonado. Esas guerras que libra la piedad humanitaria contra la naturaleza, consiguiendo la supervivencia de los fracasados, pueden inducir al hombre de ciencia a detestar sus fáciles virtudes. El economista podrá protestar por el hecho de que se ponga al imprevisor en el mismo nivel del previsor y que se despoje así a la vida del incentivo más fuerte —por ser el más bajo— a la laboriosidad. Pero a los ojos del pensador, el verdadero daño que causa la piedad emotiva es la limitación del conocimiento, impidiéndonos así resolver todo problema social aislado. Estamos tratando ahora de contrarrestar la crisis que se avecina, la revolución próxima, como la llaman mis amigos los fabianos, por medio de dádivas y de limosnas. Pues bien: cuando llegue la revolución o la crisis, seremos impotentes, porque nada sabremos. Y por eso, Ernest, no nos engañemos: Inglaterra nunca será un país civilizado mientras no haya añadido Utopía a sus dominios. Podría renunciar con ventaja a más de una de sus colonias a cambio de tan bello país. Lo que queremos es gente no práctica, que vea más allá del momento actual y que piense más allá del día actual. Los que procuran guiar al pueblo, sólo pueden hacerlo siguiendo a la muchedumbre. Las rutas de los dioses sólo pueden ser preparadas por la voz de quien grita en la sociedad.

»Pero quizá creas que en la contemplación, por el mero goce de contemplar, hay algo de egoísta. Si así lo crees, no lo digas. Se requiere una época absolutamente egoísta, como la nuestra, para deificar a la abnegación. Hace falta una época absolutamente codiciosa, como esta en que vivimos, para colocar por encima de las bellas virtudes intelectuales las superficiales y sentimentales virtudes que aportan en sí mismas un beneficio práctico. Los filántropos y sentimentales de nuestro tiempo, que no hacen sino hablarnos de nuestro deber para con el vecino, yerran por lo demás la puntería. Porque la evolución de la especie depende de la evolución del individuo, y cuando la cultura de nosotros mismos ha dejado de ser el ideal, el nivel intelectual baja inmediatamente y a menudo termina por perderse. Si nos encontramos en una cena con un hombre que se ha pasado la vida educándose a sí mismo —un tipo raro en nuestra época, lo admito, pero que, con todo, suele encontrarse accidentalmente—, nos levantamos de la mesa más ricos y conscientes de que un elevado ideal ha rozado y santificado nuestra vida. Pero..., ¡oh, mi querido Ernest!... ¡Pensar que podemos vernos sentados junto a un hombre que se ha pasado la vida tratando de educar a los demás! ¡Qué espantosa aventura! ¡Cuán aterradora es esa ignorancia, inevitable fruto del fatal hábito de dar opiniones! ¡De cuán limitado alcance demuestra ser la mente del hombre! ¡Cómo nos cansa y cómo debe cansarse a sí misma, con sus interminables repeticiones y enfermiza reiteración! ¡Cómo carece de todo elemento de desarrollo intelectual! ¡En qué círculo vicioso se mueve siempre!

ERNEST.—Hablas con extraña vehemencia, Gilbert. ¿Has tenido últimamente esa aventura espantosa, como la llamas?

GILBERT.—Pocos de nosotros escapamos a ella. La gente dice que el maestro de escuela está en el extranjero. Ojalá fuera así. Pero el tipo del cual el maestro de escuela es, después de todo, sólo uno —y ciertamente el menos importante— de los representantes, me parece dominar en realidad nuestras vidas; y así como el filántropo es el engorro en la esfera ética, así el engorro en la esfera intelectual es el hombre tan ocupado con sus tentativas de educar a los demás, que jamás ha tenido tiempo de educarse a sí mismo. No, Ernest: el verdadero ideal del hombre es cultivarse a sí mismo. Goethe lo comprendió, y la deuda directa que tenemos con Goethe es más grande que la contraída con cualquier otro hombre desde la época de los griegos. Los griegos lo comprendieron, y nos dejaron como legado para el pensamiento moderno la concepción de la vida contemplativa, así como el método crítico por medio del cual tan sólo puede comprenderse perfectamente la vida. Eso fue lo único que hizo grande al Renacimiento y nos dio el humanismo. Es lo único que pudo haber hecho grande también nuestra época: porque la verdadera debilidad de Inglaterra radica, no en los armamentos incompletos o en las costas no fortificadas, ni en la pobreza que se arrastra por las veredas sin sol, o en la borrachera que fanfarronea en repulsivas callejuelas, sino simplemente en el hecho de que sus ideales son sentimentales y no intelectuales.

»No niego que los ideales intelectuales son difíciles de alcanzar, y, menos aún, que son —y lo seguirán siendo quizá en los años futuros— impopulares entre la multitud. ¡Le es tan fácil a la gente apiadarse de los que sufren! ¡Le es tan difícil sentir simpatía por el pensamiento! En realidad, la gente vulgar comprende tan poco qué es verdaderamente el pensamiento, que parece suponer que al declarar peligrosa una teoría ha pronunciado su condena, en tanto que son solamente esas teorías las que tienen algún auténtico valor intelectual. Una idea no peligrosa es indigna de ser llamada idea.

ERNEST.—Gilbert, me desconciertas. Me has dicho que todo arte es, en su esencia, inmoral. ¿Vas a decirme, ahora, que todo pensamiento es peligroso en su esencia?

GILBERT.—Sí. En la esfera práctica, así es. La seguridad de la sociedad radica en el hábito y en el instinto inconsciente, y la base de la estabilidad de la sociedad, como organismo sano, es la ausencia total de inteligencia entre sus miembros. Dado que la gran mayoría de las personas advierte eso perfectamente, se colocan con toda naturalidad del lado del espléndido sistema que las eleva a la categoría de máquinas y hablan con tanta ira contra la intrusión de la facultad intelectual en toda cuestión vinculada con la vida, que nos sentimos tentados a definir al hombre como un animal racional que pierde siempre los estribos cuando debe obrar de acuerdo con los preceptos de la razón. Pero apartémonos de la esfera práctica y no hablemos más de los malvados filántropos, que, a decir verdad, bien podrían ser librados a la misericordia del filósofo de almendrados ojos del río Amarillo, Chuang Tsu el Sabio, el cual ha probado que estos bien intencionados y entremetidos agraviantes han destruido la simple y espontánea virtud existente en el hombre. Esa gente constituye un tema aburrido, y me siento ansioso de volver a la esfera en que la crítica es libre.

ERNEST.—¿La esfera del intelecto?

GILBERT.—Sí. Recordarás que, al hablar del crítico, expresé que era a su manera tan creador como el artista, cuya labor, en verdad, podía ser simplemente de valor en tanto en cuanto diera al crítico algún nuevo modo de pensar y de sentir que pudiera llevar a la práctica con igual, o quizá mayor, distinción de forma y hacer diversamente hermoso y más perfecto usando un nuevo medio de expresión. Pues bien: me pareció que te mostrabas algo escéptico ante esa teoría. Pero... ¿no te habré interpretado mal?

ERNEST.—En realidad no me siento escéptico al respecto, pero debo confesarte mi convicción de que la obra producida a tu entender por el crítico —y debe reconocerse sin duda que es creadora— es, por fuerza, puramente subjetiva, en tanto que la obra de magnitud es siempre objetiva, objetiva e impersonal.

GILBERT.—La diferencia entre la obra objetiva y la subjetiva radica únicamente en la forma externa. Es accidental, no esencial. Toda creación artística es absolutamente subjetiva. El paisaje mismo que miraba Corot no era, como él mismo dijo, sino un estado de ánimo de su propio pensamiento; y las grandes figuras del teatro griego o inglés que nos parece poseen una verdadera existencia propia, independiente de los poetas que dieron forma y línea, son simplemente, en última instancia, los propios poetas, no como creían ser, sino como creían no ser. Y con esta manera de pensar, en forma extraña, llegaban a serlo realmente, aunque sólo fuese por un instante. Porque nunca podemos salir de nosotros mismos, ni puede haber en la creación algo que no haya estado en el creador. Más aún: yo diría que cuanto más objetiva parece una creación tanto más subjetiva es en realidad. Shakespeare pudo hallar a Rosenkranz y Guildenstern en las calles aristocráticas de Londres, o ver a los servidores de ambas casas rivales mostrarse los dientes en la plaza pública, pero Hamlet brotó de su alma y Romeo de su pasión. Fueron elementos de su naturaleza a los que dio forma visible, impulsos que se agitaron en él con tanto ímpetu, que debió, por fuerza, digámoslo así, dejarles concretar su energía, no en el plano inferior de la vida real, donde se habrían visto trabados y constreñidos, y, por lo tanto, hubieran sido imperfectos, sino en el imaginativo plano del arte, donde el amor puede, sin duda, hallar en la muerte su suntuosa realización, donde se puede apuñalar al fisgón detrás de un tapiz de Arras, y disputar en una fosa abierta momentos antes, y ver el espectro del propio padre bajo los fulgores de la Luna, caminando majestuosamente en armadura completa, de muro a muro. La limitación de la acción habría dejado a Shakespeare insatisfecho e inexpresado; y así como pudo lograrlo todo precisamente por no haber hecho lo más mínimo, así, al no hablarnos nunca de sí mismo en sus dramas, permite que éstos nos le revelen por completo y nos muestren su verdadera naturaleza y temperamento en forma aún mucho más completa que esos extraños y exquisitos sonetos en que desnuda diáfanamente la alacena secreta de su corazón. Sí. La forma objetiva es la más subjetiva en su materia. El hombre deja de ser en parte él mismo cuando habla en su propio nombre. Dadle una máscara y os dirá la verdad.

ERNEST.—Por consiguiente, el crítico, estando limitado a la forma subjetiva, será por fuerza menos capaz de expresarse plenamente que el artista, que tiene siempre a su disposición las formas impersonales y objetivas.

GILBERT.—No será así, necesariamente; y, por cierto, no habrá nada de eso si el crítico admite que toda forma de crítica es, en su más alto desarrollo, simplemente un estado de ánimo y que nunca somos más fieles a nosotros mismos que cuando somos inconsecuentes. El crítico estético, consecuente tan sólo con el principio de la belleza en todas las cosas, estará buscando siempre impresiones nuevas, extrayendo de las diversas escuelas el secreto de su encanto, inclinándose, quizá, ante altares extranjeros o sonriendo, si se le antoja, ante nuevos dioses extraños. Lo que los demás llaman nuestro pasado tiene mucho que ver, sin duda, con ellos, pero absolutamente nada con nosotros mismos. El hombre que mira hacia su pasado merece no tener un futuro hacia el cual mirar. Cuando se ha encontrado expresión a un estado de ánimo, el asunto queda terminado. Te ríes, pero créeme que es así. Ayer era el realismo quien nos seducía. Se obtenía de él ese *nouveau frisson*[7] que el realismo se proponía causar. Lo analizábamos, lo explicábamos y terminábamos por cansarnos de él. A la hora del crepúsculo llegaron el iluminista en la pintura y el simbolista en la poesía, y el espíritu del

7. Nuevo estremecimiento. (*N. del e.*)

medievalismo, ese espíritu que no corresponde al tiempo, sino al temperamento, despertó bruscamente en la herida Rusia y nos sacudió por un instante con la terrible fascinación del dolor. Hoy se clama por el romanticismo y las hojas están ya trémulas en el valle; y en las cumbres purpúreas de las colinas, la belleza camina con finos pies dorados. Perduran aún, desde luego, los antiguos modos de creación. Los artistas repiten o se imitan entre sí, con fatigosa reiteración. Pero la crítica avanza siempre y el crítico evoluciona siempre.

»El crítico tampoco se limita realmente, por lo demás, a la forma subjetiva de expresión. El método del teatro es suyo, como lo es el método de la epopeya. Puede usar el diálogo, como quien imaginó a Milton hablando con Marvel de la naturaleza de la comedia y de la tragedia, e hizo platicar sobre las letras a Sidney y a lord Brooke bajo los robles de Penshurst, o adoptar la narración, cómo gusta hacerlo el señor Pater, cada uno de cuyos *Retratos imaginarios* —¿no es ése el título de su libro?— nos presenta, bajo el caprichoso disfraz de la ficción, algún fino y exquisito espécimen de crítica: uno sobre el pintor Watteau, otro sobre la filosofía de Spinoza, un tercero sobre los elementos paganos de principios del Renacimiento, y el último, y en ciertos sentidos el más sugestivo, sobre el origen de ese *Aufklarüng*, de esa Ilustración que alboreó en Alemania en el siglo pasado y a la cual tanto debe nuestra propia cultura. El diálogo, ciertamente, esa maravillosa forma literaria que, de Platón a Luciano, y de Luciano a Giordano Bruno, y de Bruno a ese gran pagano antiguo que tanto deleitaba a Carlyle, han empleado siempre los críticos creadores del mundo, jamás podría perder para el pensador su atracción como modo de expresión. Por su intermedio el pensador puede a un tiempo revelarse y ocultarse y dar forma a cada fantasía y realidad, a cada estado de ánimo. Por su intermedio puede exhibir el objeto desde todos los puntos de vista y mostrárnoslo completo, como nos muestra las cosas el escultor, obteniendo así toda la riqueza y realismo de efectos que provienen de los resultados accesorios sugeridos de pronto por la idea central en su avance, y realmente iluminan la idea de modo más integral, o bien esas felices ideas ulteriores que completan más el plan central, y, con todo, transmiten un poco de la delicada seducción del azar.

ERNEST.—Por su intermedio, asimismo, el pensador puede inventar un antagonista imaginario y convencerle cuando se le ocurra con alguna argumentación absurdamente sofística.

GILBERT.—¡Ah! Es tan fácil convencer a los demás... Y tan difícil convencerse a sí mismo... Para llegar a lo que se cree realmente, se debe hablar con labios distintos de los propios. Para descubrir la verdad, hay que inventar miríadas de mentiras. Porque... ¿qué es la Verdad? En materia de religión, es simplemente la opinión que ha sobrevivido. En materia científica, el último hecho sensacional. En materia de arte, nuestro último estado de ánimo. Y ya ves ahora, Ernest, que el crítico tiene a su disposición tantas formas objetivas de expresión como el artista. Ruskin volcó su crítica en imaginativa prosa y es soberbio en sus cambios y contradicciones, y Browning vertió la suya en verso libre e hizo que el pintor y el poeta nos entregaran su secreto, y M. Renan usa el diálogo, y el señor Pater la ficción novelesca, y Rossetti trasladó a la música del soneto el color del Giorgione y el dibujo de Ingres y también su propio dibujo y su propio color, intuyendo, con el instinto de quien posee muchos modos de expresión, que la literatura es el arte fundamental y que el más bello y completo de los instrumentos es el de las palabras.

ERNEST.—Bien. Ahora has establecido ya que el crítico tiene a su disposición todas las formas objetivas, y me agradaría que me dijeras cuáles son las cualidades que deben caracterizar al verdadero crítico.

GILBERT.—¿Cuáles debieran ser, a tu entender?

ERNEST.—Yo diría que el crítico debe ser justo por encima de todas las cosas.

GILBERT.—¡Ah! Justo, no. Un crítico no puede ser justo en el sentido corriente de la palabra. Sólo podemos dar una opinión realmente sin prejuicios cuando se trata de cosas que no nos interesan, y ésta es, sin duda, la razón de que la opinión carente de prejuicios carezca por completo de valor. El hombre que ve en el anverso y reverso de un problema, es un hombre que no ve nada en absoluto. El arte es una pasión, y en materia de arte el pensamiento es coloreado inevitablemente por la emoción, y por eso es más bien fluido que fijo, y como depende de bellos estados de ánimo y de momentos exquisitos, no puede ser constreñido dentro de la rigidez de una fórmula científica o de un dogma teológico. El arte le habla al alma y el alma puede ser prisionera del pensamiento lo mismo que del cuerpo. Desde luego no se debieran tener prejuicios, pero como ya hizo notar hace un centenar de años un gran francés, en esas cuestiones debemos tener preferencias, y cuando se tienen preferencias se deja de ser justo. Sólo un subastador puede admirar por igual e imparcialmente todas las escuelas de arte. No: la justicia no es una de las cualidades del verdadero crítico. Ni siquiera es una condición de la crítica. Cada una de las formas de arte con que entramos en contacto nos domina por el momento con exclusión de toda otra forma. Debemos entregarnos absolutamente a la obra en cuestión, sea cual fuere, si queremos obtener su secreto. Por el momento, no debemos pensar en otra cosa, y en realidad no podemos pensar en otra cosa.

ERNEST.—El crítico auténtico, al menos, debe ser racional..., ¿no es así?

GILBERT.—¿Racional? Hay dos maneras de sentir aversión por el arte, Ernest. La una, sentir aversión por él. La otra, gustar de él racionalmente. Porque el arte —como advirtió Platón y no sin pena— crea en el oyente y en el espectador una forma de divina locura. No brota de la inspiración, sino que inspira a los demás. La razón no es la facultad a la que se dirige. Si se ama el arte, se le debe amar por encima de todas las cosas, y contra semejante amor la razón, si se le prestara atención, vociferaría. Nada hay de cuerdo en la adoración de la belleza. Se trata de algo demasiado espléndido para que exista cordura. Aquellos en cuyas vidas constituye la nota dominante, le parecerán siempre al mundo visionarios puros.

ERNEST.—Por lo menos el crítico deberá ser sincero.

GILBERT.—Un poco de sinceridad es algo peligroso y mucha sinceridad es absolutamente fatal. El verdadero crítico, en realidad, deberá ser siempre sincero en su devoción al principio de la belleza, pero buscará la belleza en todas las épocas y en todas las escuelas y jamás se dejará limitar a cualquier hábito fijo del pensamiento o a un modo estereotipado de mirar las cosas. Se realizará a sí mismo en muchas formas y de mil maneras distintas, y siempre buscará con curiosidad nuevas sensaciones y puntos de vista. Mediante el cambio constante —y sólo mediante él— logrará encontrar su verdadera unidad. No consentirá en ser esclavo de sus propias opiniones. Porque... ¿qué es el pensamiento sino el movimiento en la esfera intelectual? La esencia del pensamiento, como la esencia de la vida, es la evolución. No debes dejarte asustar por las palabras, Ernest. Lo que la gente llama insinceridad, es simplemente un método mediante el cual podemos multiplicar nuestras personalidades.

ERNEST.—Temo no haber sido afortunado en mis insinuaciones.

GILBERT.—De los tres requisitos que mencionaste, dos —la sinceridad y la justicia—, si no fueron realmente morales, estuvieron al menos en la frontera de la moral, y la primera condición de la crítica es que el crítico sea capaz de advertir que la esfera del arte y la esfera de la ética son absolutamente distintas e independientes. Cuando se confunden, vuelve el caos. Actualmente se confunden en Inglaterra con harta frecuencia, y aunque nuestros puritanos modernos no pueden destruir una cosa bella, dada su extraordinaria lascivia, son casi capaces de mancillar la belleza momentáneamente. Más que nada, lamento decirlo, esa gente halla expresión en el periodismo. Y lo lamento, porque habría mucho que decir en favor del periodismo moderno. Al darnos las opiniones de la gente inculta, nos mantiene en contacto con la ignorancia de la comunidad. Al reseñar cuidadosamente los sucesos corrientes de la vida contemporánea, nos muestra cuán escasa importancia tienen en realidad esos sucesos. Al discutir invariablemente lo innecesario, nos hace comprender cuáles son las cosas necesarias para la cultura y cuáles no. Pero no se debiera permitir que el pobre Tartufo escribiese artículos sobre arte moderno. Cuando lo hace, éste se embrutece. Y, con todo, los artículos de Tartufo y las notas de Chadband prestan este servicio, al menos: muestran cuán limitada es la zona sobre la cual, puede pretenderse, ejercen influencia la ética y las consideraciones éticas. La ciencia está fuera del alcance de la moral porque sus ojos están fijos en las verdades eternas. El arte está fuera del alcance de la moral porque sus ojos están fijos en cosas bellas e inmortales y eternamente cambiantes. A la moral pertenecen las esferas más bajas y menos intelectuales. Pero dejemos pasar a esos puritanos vociferantes: tienen su lado cómico. ¿Quién podría contener la risa cuando un vulgar periodista propone seriamente limitar los temas a disposición del artista? Confío en que se podría imponer alguna limitación —y bien pronto— a algunos de nuestros periódicos y escritores periodísticos. Porque éstos nos dan los hechos escuetos, bajos y repulsivos de la vida. Pasan revista, en sus crónicas, con degradante avidez, a los pecados de segundo orden, y con la escrupulosidad de los analfabetos nos dan exactos y prosaicos detalles de los actos de gente carente por completo de interés, de cualquier modo que se la mire. Pero... ¿quién puede fijar límites al artista, que acepta los hechos de la vida, y con todo los convierte en formas de belleza, y hace de ellos vehículos de piedad o de terror, y muestra su elemento de color y su maravilla y también su verdadera importancia ética, y edifica con ellos un mundo más real que la propia realidad y de más elevada y más noble significación? No, por cierto, los apóstoles de ese nuevo periodismo, que no es más que la vieja vulgaridad: «dilo en letras grandes». No, por cierto, los apóstoles de ese nuevo puritanismo, que sólo es el lloriqueo del hipócrita y está, a un tiempo, mal escrito y mal dicho. La mera insinuación sería ridícula. Dejemos a esa mala gente y sigamos discutiendo los requisitos artísticos que debe reunir el verdadero crítico.

ERNEST.—¿Cuáles son? Dilos tú mismo.

GILBERT.—El temperamento es el requisito fundamental del crítico: un temperamento exquisitamente sensible a la belleza y a las diversas impresiones que ésta nos causa. No analizaremos, por ahora, en qué condiciones y por qué medio nace ese temperamento en la especie o en el individuo. Bastará con anotar que existe y que hay en nosotros un sentido de la belleza, independiente de los demás sentidos y superior a ellos, independiente de la razón y de más noble significación, independiente del alma y de igual valor: un sentido que induce a algunos a crear, y a otros, los espíritus más finos, a mi parecer, a contemplar meramente. Mas para ser purificado y convertirse en perfecto, este sentido requiere alguna forma de exquisito ambiente. Sin ella, sufre hambre o se embota. Recordarás ese bello pasaje en que Platón describe cómo se educa a un joven griego y cómo insiste en la importancia del medio, diciéndonos que el adolescente debe ser colocado entre imágenes y sonidos hermosos, de modo que la belleza de las cosas materiales pueda preparar su alma para la recepción de la belleza espiritual. Insensiblemente, y sin saber el porqué, ha de desarrollarse en el adolescente ese auténtico amor a la belleza, que, como no se cansa de repetirnos Platón, es el verdadero fin de la educación. Poco a poco, ha de engendrarse en él un temperamento que lo conducirá natural y simplemente a escoger lo bueno con preferencia a lo malo y —rechazando todo lo vulgar y disonante— a seguir con fino gusto cuanto posee gracia y seducción y hermosura. Finalmente, a su debido tiempo, este gusto ha de volverse crítico y consciente de sí mismo, pero al principio deberá existir como un instinto cultivado, y «aquel que haya recibido esta verdadera cultura del hombre interior percibirá, con clara y segura visión, las omisiones y faltas en el arte y en la naturaleza, y con un gusto que no puede errar, mientras alaba y encuentra placer en lo que es bueno y lo acoge en su alma, culpará justamente y aborrecerá lo malo, ya en los días de su juventud, antes de poder conocer el porqué»; y así, cuando más tarde se desarrolle en él el espíritu crítico y consciente de sí mismo, reconocerá y saludará a éste como a un amigo con quien su educación le ha familiarizado desde hace mucho tiempo. Apenas si necesito decir, Ernest, cuán lejos estamos en Inglaterra de este ideal, y me imagino la sonrisa que iluminaría el lustroso semblante del filisteo si nos aventurásemos a sugerirle que el verdadero fin de la educación es el amor a la belleza, y que los métodos con que debiera trabajar la educación son el desarrollo del temperamento, el cultivo del gusto y la creación del espíritu crítico.

»Con todo, hasta para nosotros, queda alguna belleza del medio ambiente y de la estupidez de los preceptores y profesores; poco importa cuando podemos vagabundear por los grises claustros de Magdalen y escuchar algún canto con aflautada voz en la capilla de Waynfleete, o quedarnos tendidos en el verde prado, entre las extrañas fritilarias manchadas como serpientes y contemplar cómo el mediodía, ardiente de sol, hiere con un oro más bello las doradas veletas de la torre, o subir por la escalera de la iglesia de Cristo bajo los umbríos abanicos del abovedado cielo raso o penetrar por la cincelada entrada del edificio Laúd en el Colegio de Saint John. No sólo en Oxford o en Cambridge puede formarse, adiestrarse y perfeccionarse el sentido de la belleza. En toda Inglaterra hay un renacimiento de las artes decorativas. La época de la fealdad ha pasado. Hasta en las casas de los ricos hay gusto, y las casas de quienes no son ricos han cobrado más gracia y se han vuelto más donairosas y gratas para vivir. Calibán, el pobre y turbulento Calibán, cree que cuando ha cesado de hacerle muecas a una cosa, tal cosa cesa de existir. Pero si Calibán deja de burlarse, es porque se ha encontrado con una burla más rápida y penetrante que la suya y por un momento se ha visto aleccionado amargamente y reducido al silencio que debiera sellar para siempre sus toscos y deformes labios. Lo que se ha hecho hasta ahora ha tenido, más que nada, el efecto de despejar el camino. Es siempre más difícil destruir que crear, y cuando lo que debe destruirse es la vulgaridad y la estupidez, la tarea de destrucción no exige simplemente valor, sino también desdén. Con todo, me parece que ha sido realizada, hasta cierto punto. Nos hemos desembarazado de lo malo. Ahora tenemos que hacer lo bello. Y aunque la misión del movimiento estético es impulsar a la gente a contemplar, no inducirla a crear, como el instinto creador es fuerte en el celta y es el celta quien orienta en el arte, no hay motivo para que en años futuros este extraño renacimiento no sea casi tan poderoso, a su manera, como fue aquel nuevo nacimiento del arte que se operó hace muchos siglos en las ciudades de Italia.

»Ciertamente, para cultivar el temperamento, debemos volvernos hacia las artes decorativas, a las artes que nos conmueven, no a las artes que nos enseñan. Los cuadros modernos son, indudablemente, de delicioso aspecto. Al menos algunos lo son. Pero es imposible por completo convivir con ellos: son demasiado inteligentes, demasiado asertivos, harto intelectuales. Su sentido es demasiado evidente y su método está harto bien definido. Agotamos lo que pueden decirnos en muy poco tiempo, y luego se tornan tan aburridos como nuestros parientes. Me gusta mucho la labor de numerosos pintores impresionistas de París y de Londres. La sutileza y distinción no han abandonado aún esas escuelas. Algunas de sus combinaciones y armonías sirven para recordarnos la inasequible belleza de la inmortal *Symphonie en Blanc Majeur*, de Gautier, impecable obra maestra de color y de música que quizá haya sugerido el tipo, así como los títulos, de muchos de los mejores cuadros de aquéllos. Para ser una clase que acoge al incapaz con ansiedad llena de simpatía y que confunde lo extravagante con lo hermoso, la vulgaridad con la verdad, son gente sumamente culta. Saben hacer grabados al aguafuerte, que poseen toda la brillantez de los epigramas, cuadros al pastel, fascinantes como paradojas, y en cuanto a sus retratos, diga lo que diga contra ellos la gente trivial, nadie puede negarles el encanto singular y maravilloso que pertenece a la obra de ficción pura. Pero hasta los impresionistas, a pesar de lo serios y laboriosos que son, no satisfacen. Me gustan. Su tónica blanca, con sus variaciones en lila, ha constituido una época en el color. Aunque el momento no hace al hombre, hace ciertamente al impresionista, y en cuanto al momento en el arte y al «monumento al momento», como expresó Rossetti..., ¿qué no podría decirse? También ellos son sugestivos. Si no han abierto los ojos al ciego, han estimulado al menos grandemente al miope, y si bien sus caudillos pueden acusar toda la inexperiencia de la vejez, sus jóvenes son demasiado sabios para ser razonables algún día. Con todo, insisten en tratar la pintura como si fuese un modo de autobiografía inventado para uso de analfabetos, y nos charlan siempre sobre sus groseros y valerosos lienzos, sus innecesarios yos y sus innecesarias opiniones, estropeando con una vulgar acentuación el hermoso desdén de la naturaleza, que es su única y modesta peculiaridad. Nos sentimos cansados, en definitiva, de la labor de individuos cuya personalidad es siempre ruidosa y, por lo general, carente de interés. Mucho más podría decirse en favor de la escuela más nueva de París, la de los arcaístas, como se llaman a sí mismos esos pintores que, negándose a dejar librado enteramente al tiempo al artista, no encuentran el ideal del arte en el mero efecto atmosférico, sino que buscan más bien la imaginativa belleza del dibujo y la hermosura del color, repudian el tedioso realismo de quienes pintan meramente lo que ven, tratan de ver algo que valga la pena de verse y de verlo, no sólo con una visión real y física, sino con la noble visión del alma que es hasta aquí amplia en alcance espiritual, como también más espléndida en propósito artístico. Los arcaístas, sea como fuere, trabajan en las condiciones decorativas que cada arte requiere para su perfección y poseen suficiente sentido estético para lamentar las bajas y estúpidas limitaciones de absoluta modernidad de forma que han resultado la ruina de tantos impresionistas. El arte francamente decorativo sigue siendo aún el arte con que podemos convivir.

Es, de todos los visibles, el único que crea en nosotros, a un tiempo estado de ánimo y temperamento. El simple color, no estropeado por el sentido y no amalgamado con una forma definida, puede hablarle al alma en mil formas distintas. La armonía, que reside en las delicadas proporciones de las líneas y masas, se refleja en el pensamiento. Las repeticiones del dibujo nos brindan descanso. Las maravillas del trazo agitan nuestra imaginación. En la mera hermosura de los materiales empleados hay latentes elementos de cultura. Esto no es todo. Con su deliberado repudio de la naturaleza como ideal de belleza, así como el método imitativo del pintor corriente, el arte decorativo no sólo prepara el alma para la recepción de la verdadera obra imaginativa, sino que desarrolla en ella ese sentido de la forma que es la base de la realización creadora, así como de la crítica. Porque el artista auténtico es quien va, no del sentimiento a la forma, sino de la forma al pensamiento y a la pasión. No concibe primero una idea y luego se dice: «pondré mi idea en un mero compuesto de catorce versos», sino que, advirtiendo la belleza del plan del soneto, concibe ciertos modos de música y métodos de consonancia, y la mera forma sugiere qué ha de llenarle y de hacerle intelectual y sentimentalmente completo. De tanto en tanto, el mundo protesta contra algún encantador poeta artístico porque, para usar la trillada y tonta frase del mundo, «nada tiene que decir». Pero si el poeta tuviese algo que decir, probablemente lo diría y el resultado sería aburrido. El que pueda hacer una obra bella se debe, precisamente, a que carece de un nuevo mensaje. Obtiene su inspiración de la forma, y puramente de la forma, como debe hacerlo un artista. Una verdadera pasión sería su ruina. Todo lo que sucede realmente es inútil para el arte. Toda la poesía surge de un sentimiento auténtico. Ser natural es ser evidente y ser evidente es ser inartístico.

ERNEST.—Lo que me pregunto es...: ¿crees realmente en lo que dices?

GILBERT.—¿Por qué has de dudarlo? No sólo en el arte el cuerpo es el alma. En todas las esferas de la vida, la forma es el principio de las cosas. Los armoniosos gestos rítmicos de la danza transmiten, nos dice Platón, tanto el ritmo como la armonía al espíritu. Las formas son el alimento de la fe, exclamó Newman en uno de esos grandes momentos de sinceridad que nos hacen admirar y conocer al hombre. Tenía razón, aunque quizá no haya sabido cuán terriblemente acertado estaba. Se cree en los credos no porque sean racionales, sino porque son repetidos. Sí: la forma lo es todo. Es el secreto de la vida. Halla expresión a un dolor y te será caro. Halla expresión a una alegría e intensificarás su éxtasis. ¿Quieres amar? Usa la letanía del amor y las palabras crearán el anhelo del cual, supone el mundo, surgen. ¿Tienes un dolor que te roe el corazón? Imprégnate del lenguaje de la pena, aprende su expresión del príncipe Hamlet y de la reina Constanza y verás que la mera expresión es un modo de consuelo y que la forma, cuna de la pasión, es también la muerte del dolor. Y por eso, volviendo a la esfera del arte, es la forma quien crea, no simplemente el temperamento crítico, sino también el instinto estético, ese infalible instinto que nos revela todas las cosas bajo sus condiciones de belleza. Empezad con la adoración de la forma y no habrá secreto del arte que no os sea revelado, y recordad que en la crítica, como en la creación, el temperamento lo es todo y que las escuelas deben ser agrupadas históricamente, no por la época de su producción, sino por los temperamentos a los cuales se dirigen.

ERNEST.—Tu teoría de la educación es deliciosa. Pero... ¿qué influencia tendrá tu crítico, educado en esa atmósfera exquisita?

GILBERT.—La influencia del crítico será el mero hecho de su propia existencia. Representará el tipo impecable. En él se verá realizada la cultura del siglo. No debes pedirle otro fin que el de perfeccionarse a sí mismo. La existencia del intelecto, como bien se ha dicho, consiste simplemente en sentirse vivo. El crítico puede desear, sin duda, ejercer una influencia, pero si así fuese, no le interesará lo individual, sino la época, a la cual tratará de tornar consciente y de hacer reaccionar, creando en ella nuevos deseos y apetitos y dándole en su más amplia visión y más nobles estados de ánimo. El arte actual de hoy le ocupará menos que el arte de mañana, mucho menos que el arte de ayer, y en cuanto a tal o cual persona que actualmente se afana..., ¿qué importa la gente laboriosa? Hace lo más que puede y, por consiguiente, obtenemos de ella lo peor. El peor trabajo es siempre el que se hace con las mejores intenciones. Y además, mi querido Ernest, cuando un hombre llega a los cuarenta años, o se convierte en miembro de la Real Academia, o es reconocido como novelista popular, cuyos libros se venden mucho en las estaciones ferroviarias suburbanas, podemos darnos el placer de descubrirle, pero no podemos tener el placer de reformarle. Y esto es, me atrevo a afirmar, una suerte para él: porque no dudo de que la reforma es un proceso mucho más doloroso que el castigo: es, en realidad el castigo en su forma más exasperante y moral, hecho que explica nuestro absoluto fracaso como comunidad para domar ese interesante fenómeno que se llama el delincuente convicto y confeso.

ERNEST.—Pero... ¿no se tratará, quizá, de que el poeta es el mejor juez en poesía y el pintor en pintura? Cada arte debe dirigirse en primer término al artista que trabaja en él. Su juicio será seguramente el más valioso..., ¿no es así?

GILBERT.—Todo arte se dirige, simplemente, al temperamento artístico. El arte no se dirige al especialista. Su pretensión es la de ser universal y uno solo en todas sus manifestaciones. A decir verdad, lejos de ser cierto que el artista es el mejor juez en arte, un artista realmente grande nunca puede juzgar la obra de los demás, y difícilmente puede juzgar, en rigor, su propia obra. Esa misma concentración de visión que hace del hombre un artista, limita por su intensidad su facultad de fina apreciación. La energía de la creación le empuja ciegamente hacia su propio objetivo. Las ruedas de su carroza levantan una nube de polvo en derredor de él. Los dioses quedan ocultos los unos a los otros. Pueden reconocer a sus adoradores. Eso es todo.

ERNEST.—Dices que un gran artista es incapaz de advertir la belleza de una obra diferente de la suya propia.

GILBERT.—Le es imposible hacerlo. Wordsworth veía en *Endimión*, simplemente, una bella expresión de paganismo, y Shelley, con su aversión a la actividad, se mostraba sordo al mensaje de Wordsworth, por cuanto repudiaba su forma, y Byron, ese gran ser humano, apasionado e incompleto, no quería apreciar al poeta de la nube ni al poeta del lago, y la maravilla de Keats se le ocultaba. Sófocles aborrecía el realismo de Eurípides. Esos excrementos de lágrimas calientes carecían de música para él. Milton, con su sentido del gran estilo, no podía comprender el método de Shakespeare, como no podía comprender sir Joshua el método de Gainsborough. Los malos artistas admiran siempre su labor recíproca. Llaman a esto tener criterio liberal y estar libres de prejuicios. Pero un artista verdaderamente grande no puede concebir que la vida se muestre o la belleza se modele bajo otras condiciones que las elegidas por él mismo. La creación emplea toda su capacidad crítica dentro de su propia esfera. No puede usarla en la esfera que pertenece a otros. Un hombre es el juez adecuado de una cosa cuando no puede hacerla.

ERNEST.—¿Lo dices en serio?

GILBERT.—Sí, porque la creación limita la visión, mientras que la contemplación la ensancha.

ERNEST.—Pero... ¿y la técnica? Con seguridad cada arte tiene su técnica independiente..., ¿verdad?

GILBERT.—Cierto: cada arte posee su gramática y sus materiales. No hay misterio en lo uno ni en lo otro, y el incapaz siempre puede ser correcto. Pero si bien las leyes sobre las que se funda el arte deben ser fijas y ciertas, para hallar su verdadera realización deben ser convertidas por la imaginación en una belleza tal que parezcan todas excepciones. La técnica es, en realidad, la personalidad. Esa es la razón de que el artista no pueda enseñarla, de que el discípulo no pueda aprenderla y de que el crítico estético no pueda comprenderla. Para el gran poeta sólo hay un método de música: el suyo propio. Para el gran pintor hay una sola manera de pintar: la que emplea él mismo. El crítico estético —y sólo el crítico estético— puede apreciar sus formas y modos. Es a él a quien se dirige el arte.

ERNEST.—Creo haberte formulado todas mis preguntas, y ahora, debo reconocer...

GILBERT.—¡Ah! No me digas que estás de acuerdo conmigo. Cuando la gente está de acuerdo conmigo temo siempre estar equivocado.

ERNEST.—En ese caso, ciertamente, no te diré si estoy o no de acuerdo contigo. Pero te formularé otra pregunta. Me has explicado que la crítica es un arte creador. ¿Qué futuro le espera?

GILBERT.—El futuro le pertenece a la crítica. Los temas a disposición de la creación se vuelven cada día más limitados en amplitud y variedad. La Providencia y el señor Walter Besant han agotado lo evidente. Si se quiere que la creación dure, sólo podrá ser a condición de tornarse mucho más crítica que actualmente. Se han hollado, con harta frecuencia, los viejos caminos y las carreteras polvorientas. Su encanto ha sido desgastado por los pies laboriosamente arrastrados y han perdido el elemento de novedad o de sorpresa tan esencial a lo romántico. El que quiera conmovernos ahora por medio de la ficción debe darnos un ambiente totalmente nuevo, o bien revelarnos el alma del hombre en su más íntimo funcionamiento. Lo primero lo hace por ahora el señor Rudyard Kipling. Cuando se hojean sus *Cuentos de las montañas*, se tiene la sensación de estar sentado debajo de una palma leyendo la vida en soberbios relámpagos de vulgaridad. Los brillantes colores de las ferias nos encandilan. Los cansados anglohindúes de segundo orden son de exquisita incongruencia con su medio ambiente. La mera falta de estilo en el narrador da un extraño realismo periodístico a lo que nos dice. Desde el punto de vista de la literatura, el señor Kipling es un genio que renuncia a sus aspiraciones. Desde el punto de vista de la vida es un reportero que conoce mejor que nadie la vulgaridad. Dickens conocía la indumentaria y la comedia de la vulgaridad. El señor Kipling conoce su esencia y su seriedad. Es nuestra autoridad máxima en materia de cosas de segundo orden y ha visto cosas maravillosas por el ojo de las cerraduras, y sus escenografías son verdaderas obras de arte. En cuanto a la segunda condición, hemos tenido a Browning, y Meredith está entre nosotros. Pero resta mucho por hacer en la esfera de la introspección. La gente suele decir que la ficción se está volviendo demasiado morbosa. En cuanto concierne a la psicología, nunca ha sido lo bastante morbosa. Hemos tocado, simplemente, la superficie del alma: eso es todo. En una sola célula de marfil del cerebro hay almacenadas más cosas maravillosas y terribles que las soñadas nunca hasta por quienes, como el autor de *Le Rouge et le Noir*, han intentado rastrear el alma hasta sus más secretos rincones y procurado hacer que la vida confesara sus más costosos pecados. Con todo, existe un límite hasta para el número de los decorados no ensayados, y es posible que un desarrollo ulterior del hábito de la introspección pueda resultar fatal a la facultad creadora, a la que procura suministrar nuevo material. Yo mismo me inclino a creer que la creación está condenada. Surge de un impulso demasiado primitivo, demasiado natural. Sea como fuere, es seguro que el material a disposición de la creación disminuye constantemente, en tanto que el material de la crítica aumenta a diario. Siempre hay nuevas actitudes para el pensamiento y nuevos puntos de vista. El deber de imponer la forma sobre el caos no mengua al avanzar el mundo. En ningún tiempo la crítica fue más necesaria que ahora. Sólo por su intermedio puede tener conciencia la humanidad del punto a que ha llegado.

»Hace algunas horas, Ernest, me preguntaste cuál era la utilidad de la crítica. Tanto hubiera dado que me preguntaras sobre la utilidad del pensamiento. Es la crítica, como señala Arnold, quien crea la atmósfera intelectual de la época. Es la crítica, como confío señalar yo mismo algún día, quien hace del pensamiento un fino instrumento. Nosotros, en nuestro sistema educativo, hemos recargado la memoria con un lastre de hechos inconexos y pugnado laboriosamente por impartir nuestro conocimiento adquirido de modo laborioso. Enseñamos a la gente a recordar, no la enseñamos a desarrollarse. Jamás se nos ha ocurrido tratar de desarrollar en el pensamiento una cualidad más sutil de comprensión y discernimiento. Los griegos hicieron esto, y cuando entramos en contacto con el intelecto crítico griego, no podemos dejar de advertir que, si bien nuestro material es en todo sentido más grande y variado que el de ellos, los griegos poseen el único método con el cual puede interpretarse dicho material. Inglaterra ha inventado y establecido la opinión pública, que es una tentativa de organizar la ignorancia de la comunidad y de elevarla a la categoría de fuerza física. Pero la sabiduría ha estado siempre oculta para ella. Si se le considera como un instrumento pensante, el espíritu inglés es tosco y embrionario. Lo único que puede purificarle es el crecimiento del instinto crítico.

»Es también la crítica quien, por concentración, hace posible la cultura. Toma el engorroso montón de la labor creadora y lo destila en una esencia más fina. ¿Quién, si desea conservar algún sentido de la forma, puede luchar con el monstruoso sinnúmero de libros que el mundo ha producido, de libros en que balbucea el pensamiento o fanfarronea la ignorancia? El hilo que debe guiarnos a través del fatigoso laberinto está en manos de la crítica. Más aún: cuando no hay documentos y la historia se ha perdido o nunca ha sido escrita, la crítica puede recrear para nosotros el pasado, desde el más pequeño fragmento de lenguaje o de arte, tan seguramente como puede hacerlo el hombre de ciencia valiéndose de algún diminuto hueso o de la mera huella de un pie sobre la roca. Puede recrear para nosotros al alado dragón o al lagarto gigantesco que antaño hiciera temblar a la tierra bajo sus pasos, puede hacer salir a Behemoth de su caverna y lograr que Leviatán nade de nuevo a través del mar sobresaltado. La historia prehistórica pertenece al crítico filológico y arqueológico. Es a él a quien se revela el origen de las cosas. Los artificiosos sedimentos de una época inducen casi siempre a error. Mediante la sola crítica filológica sabemos más sobre los siglos que lo que nos dejaron sus pergaminos. Ella puede hacer por nosotros lo que no pueden lograr la física ni la metafísica. Puede proporcionarnos la ciencia exacta del pensamiento en el proceso del devenir. Puede hacer por nosotros lo que no puede hacer la historia. Puede decirnos qué pensaba el hombre antes de aprender a escribir. Me has preguntado sobre la influencia de la crítica. Creo haber contestado ya a esa pregunta, pero también resta por decir algo. Es la crítica quien nos hace cosmopolitas. La escuela de Manchester trató de hacer que los hombres dieran realidad a la fraternidad humana señalando las ventajas comerciales de la paz. Procuró degradar al mundo maravilloso hasta la categoría de un vulgar mercado para el comprador y el vendedor. Se dirigió a los más bajos instintos y fracasó. La guerra siguió a la guerra y el credo del comerciante no impidió que Francia y Alemania chocaran en sangrientas batallas. Hay otros, en nuestra época, que procuran dirigirse a las simples afinidades emotivas o a los superficiales dogmas de algún vago sistema de ética abstracta. Tienen sus Sociedades de Paz, tan caras a los sentimentales, y sus propuestas para un pacífico Arbitraje Internacional, tan popular entre quienes nunca han leído historia. Pero la simple afinidad emotiva no basta. Es harto variable y está demasiado ligada a las pasiones: un comité de árbitros que, tratándose del bienestar común de la especie, ha de ser privado del poder de hacer ejecutar sus decisiones no servirá de mucho. Sólo hay una cosa peor que la injusticia y es la Justicia sin la espada en la mano. Cuando el bien no es el Poder, es el mal.

»No: las emociones no nos harán cosmopolitas, como no podría hacerlo la codicia de lucro. Sólo cultivando el hábito de la crítica intelectual podremos elevarnos a un plano superior a los prejuicios raciales. Goethe —no interpretarás erróneamente mis palabras— era el más alemán de los alemanes. Amaba a su país: nadie lo amó más. Su pueblo le era caro: y le guió. Con todo, cuando la férrea bota de Napoleón pisoteó el viñedo y el maizal, sus labios guardaron silencio. «¿Cómo puedo escribir cantos de odio sin odiar? —le dijo a Eckermann—. ¿Y cómo puedo yo, a quien sólo importan la cultura y la barbarie, odiar a una nación que figura entre las más cultas del mundo y a quien debo tan gran parte de mi propia cultura?» Esta nota, que Goethe fue el primero en hacer sonar en el mundo moderno, llegará a ser, según creo, el punto de partida del cosmopolitismo del porvenir. La crítica aniquilará los prejuicios raciales, insistiendo en la unidad del pensamiento humano dentro de la variedad de sus formas. Si nos sentimos tentados a hacerle la guerra a otra nación, debemos recordar que intentamos destruir un elemento de nuestra propia cultura y, posiblemente, el más importante. Mientras la guerra sea considerada algo malo, seguirá poseyendo su fascinación. Cuando se la considere vulgar, perderá su popularidad. La transformación, desde luego, será lenta y la gente no tendrá conciencia de ella. No dirá: «No le haremos la guerra a Francia porque su prosa es perfecta», sino que, por ser perfecta la prosa de Francia, no aborrecerán a ese país. La crítica intelectual vinculará a Europa con lazos mucho más fuertes que los que pueda crear un tendero o un sentimental. Nos dará la paz que brota del conocimiento.

»Esto no es todo. Es la crítica la que, al no considerar definitivamente posición alguna y al negarse a ser encadenada por las superficiales consignas de cualquier secta o escuela, crea el sereno temperamento filosófico que ama a la verdad por sí misma y no la ama menos por saberla inalcanzable. ¡Cuán pocas muestras de este temperamento tenemos en Inglaterra y cómo lo necesitamos! El pensamiento inglés está siempre en efervescencia. El intelecto de la raza es derrochado en despreciables y estúpidas disputas de políticos de segundo orden o teólogos de tercer orden. Le estaba reservado a un hombre de ciencia mostrarnos un ejemplo supremo de esa «dulce razonabilidad» a que se refiere tan sabiamente Arnold y —¡ay!— con tan poco resultado. El autor de *El origen de las especies* tenía, sea como fuere, un temperamento filosófico. Si se contemplan los púlpitos y tribunas corrientes de Inglaterra, no puede dejar de percibirse el desdén de Juliano o la indiferencia de Montaigne. Somos dominados por el fanático, cuyo peor vicio es la sinceridad. Todo lo que se acerque al libre juego del espíritu nos es, prácticamente, desconocido. La gente vocifera contra el pecador, pero nuestra vergüenza la constituye el estúpido y no el pecador. No hay más pecado que la estupidez.

ERNEST.—¡Ah! ¡Qué paradójico eres!

GILBERT.—El crítico artístico, como el místico, es siempre paradójico. Ser bueno, según el proceso vulgar de la bondad, es evidentemente muy fácil. Requiere, simplemente, cierta cantidad de bajo terror, cierta ausencia de pensamiento imaginativo y cierta baja pasión por la respetabilidad de la clase media. La estética es superior a la ética. Pertenece a una esfera más espiritual. Discernir la belleza de una cosa es el punto más sutil a que puede llegarse. Hasta un sentido del color es más importante, en el desarrollo del individuo, que un sentido del bien y del mal. En realidad, la estética es a la ética, en la esfera de la civilización consciente, lo que la selección sexual a la selección natural en la esfera del mundo externo. La ética, como la selección natural, hace posible la existencia. La estética, como la selección sexual, hace bella y maravillosa la vida, la llena de formas nuevas y le da progreso y variedad y cambio. Y cuando llegamos a la verdadera cultura, que es nuestro objetivo, alcanzamos la perfección con que soñaran los santos, la perfección de aquellos a quienes les es imposible el pecado, no porque renuncien a todo, como el asceta, sino porque pueden hacerlo todo sin dañar el alma, y nada pueden desear que dañe al alma, siendo ésta un ente tan divino que es capaz de transformar en elementos de más rica experiencia, o más fina susceptibilidad o un modo más nuevo de pensar, actos o pasiones que en el hombre común serían vulgares o en el iletrado innobles o en el vergonzoso viles. ¿Es esto peligroso? Sí, lo es: todas las ideas, como te dije, lo son. Pero la noche cansa y la luz oscila en la lámpara. Hay otra cosa que no puedo dejar de decirte. Has declarado que la crítica es algo estéril. El siglo XIX es un punto culminante de la historia simplemente gracias a la obra de dos hombres: Darwin y Renan; el uno, crítico del libro de la naturaleza; el otro, crítico de los libros de Dios. No advertir esto equivale a pasar por alto el sentido de una de las épocas más importantes del progreso del mundo. La creación se queda siempre a la zaga de los tiempos. Es la crítica quien nos guía. El espíritu crítico y el espíritu del mundo son una sola y misma cosa.

ERNEST.—¿Y el que esté en posesión de ese espíritu o esté poseído por él, nada hará, supongo?

GILBERT.—Como la Perséfone de quien nos habla Landor, la dulce y pensativa Perséfone, alrededor de cuyos blancos pies florecen el asfódelo y el amaranto, se sentará satisfecho «en esa profunda e inmóvil quietud que compadecen los mortales y de que disfrutan los dioses». Mirará el mundo y sabrá su secreto. Mediante el contacto con las cosas divinas se tornará divino. Su vida, y sólo la suya, será perfecta.

ERNEST.—Esta noche, Gilbert, me has dicho muchas cosas extrañas. Me has dicho que es más difícil hablar de una cosa que hacerla y que no hacer lo más mínimo es lo más difícil del mundo; me has dicho que todo arte es inmoral y todo pensamiento peligroso; que la crítica es más creadora que la creación y que la más alta crítica es la que revela en la obra de arte lo que no ha puesto en ella el artista; que un hombre es el juez adecuado de una cosa precisamente cuando no puede hacerla, y que el verdadero crítico es injusto, insincero e irracional. Amigo mío, eres un soñador.

GILBERT.—Sí: soy un soñador. Porque el soñador es quien sólo puede encontrar su camino bajo la luz de la luna y su castigo es que ve el alba antes que el resto del mundo.

ERNEST.—¿Su castigo?

GILBERT.—Y su recompensa. Pero mira... ¡Ya amanece! Descorre las cortinas y abre las ventanas de par en par. ¡Cuán fresco es el aire de la mañana! Piccadilly yace a nuestros pies como una larga cinta de plata. Sobre el parque se cierne una tenue niebla purpúrea y las sombras de las casas blancas son purpúreas. Es demasiado tarde para dormir. Vámonos a Covent Garden a mirar las rosas. ¡Ven! Estoy cansado del pensamiento.

LA DECADENCIA DE LA MENTIRA

UN APUNTE

PERSONAJES: Cyril y Vivian.

ESCENARIO: la biblioteca de una casa de campo en el Nottinghamshire.

DIÁLOGO

CYRIL.—*(Entrando por el balcón que da a la terraza.)*
Querido Vivian, no te encierres todo el día en la biblioteca. La tarde es realmente espléndida. El aire, exquisito. Sobre los bosques flota la neblina, como la floración
púrpura sobre un ciruelo. Vamos a tendernos en la hierba y a fumar cigarrillos y a disfrutar de la naturaleza.

VIVIAN.—¡Disfrutar de la naturaleza! Me alegro de
poder afirmar que he perdido esa facultad por completo. La gente nos dice que el arte nos hace amar a la naturaleza más que antes, que nos revela sus secretos y
que, después de un cuidadoso estudio de Corot y Cons-
table, vemos en ella cosas que escaparon a nuestra
observación. Mi propia experiencia me enseña que
cuanto más estudiamos el arte menos nos interesa la naturaleza. Lo que nos revela en realidad el arte es la ausencia de plan en la naturaleza, sus curiosas imper-
fecciones, su extraordinaria monotonía, su condición
absolutamente inconclusa. La naturaleza, desde luego,
tiene buenas intenciones, pero, como lo dijera en cierta
oportunidad Aristóteles, no logra llevarlas a la práctica.
Cuando miro un paisaje no puedo dejar de percibir todos sus defectos. Con todo, tanta imperfección en la

113

naturaleza constituye para nosotros una circunstancia afortunada, porque, de no ser así, careceríamos totalmente de arte. El arte es nuestra briosa protesta, nuestra valiente tentativa de enseñarle a la naturaleza el sitio que le corresponde. En cuanto a la infinita variedad de la naturaleza, se trata simplemente de un mito. No se encuentra en la realidad de la naturaleza. Se halla en la imaginación o en la fantasía o en la refinada ceguera del hombre que la mira.

CYRIL.—En rigor, no necesitas mirar el paisaje. Puedes tenderte simplemente en la hierba y fumar y conversar.

VIVIAN.—Pero la naturaleza es tan incómoda... La hierba es dura y aterronada y húmeda y está llena de horribles insectos negros. En realidad, hasta el más modesto artesano de Morris podría brindarnos un sitio más cómodo que la naturaleza entera. La naturaleza palidece ante el mobiliario de «la calle que a Oxford tomó en préstamo su nombre», como lo expresara en cierta oportunidad detestable el poeta a quien tanto amas. Yo no me quejo. Si la naturaleza hubiera sido cómoda, la humanidad no habría inventado la arquitectura, y yo prefiero las casas que el aire libre. En una casa palpamos las proporciones adecuadas. Todo nos está subordinado, conformado a nuestro uso y placer. La propia egolatría, tan necesaria para una sensación apropiada de la dignidad humana, es el resultado exclusivo de la vida en interiores. Al aire libre nos volvemos abstractos e impersonales. Nuestra personalidad nos abandona en absoluto. Y, además, la naturaleza es tan indiferente, tan poco comprensiva... Siempre que camino aquí por el parque adivino que no significo para ella más que las vacas que mordisquean hierba en las pendientes o la bardana que florece en la zanja. Si hay algo evidente es que la naturaleza detesta al pensamiento. El pensar constituye el acto menos sano del mundo, y la gente muere a consecuencia de él del mismo modo que a causa de cualquier otra enfermedad. Afortunadamente, en Inglaterra al menos, el pensar no es contagioso. Nuestro espléndido físico como pueblo se debe exclusivamente a nuestra estupidez nacional. Confío solamente en que podamos mantener el gran baluarte histórico de nuestra felicidad durante muchos años; pero temo que estemos empezando a exagerar la educación. Al menos, todo el que es incapaz de aprender se ha consagrado a enseñar: tal ha sido el fruto de nuestro entusiasmo por la educación. Mientras tanto, más vale que vuelvas a tu aburrida e incómoda naturaleza y que me dejes corregir mis pruebas.

CYRIL.—¿Escribes un artículo? Eso no es muy lógico después de lo que acabas de decir.

VIVIAN.—¿Quién pretende ser lógico? El estólido y el doctrinario, la gente tediosa que lleva sus principios a la dura realidad de la acción, a la *reductio ad absurdum* de la práctica. Yo no. Emerson escribió sobre la puerta de mi biblioteca la palabra «Capricho». Además, mi artículo es en realidad la más sana y valiosa de las advertencias. Si se la escucha, quizá haya un nuevo renacimiento del arte.

CYRIL.—¿De qué se trata?

VIVIAN.—Me propongo llamarlo «La decadencia de la mentira: una protesta».

CYRIL.—¡La mentira! Creí que nuestros políticos conservaban esa costumbre.

VIVIAN.—Te aseguro que no. Nunca exceden el nivel de la tergiversación, y, en realidad, condescienden

115

a probar, a discutir, a argumentar. ¡Cuánto difiere esto del temperamento del mentiroso auténtico, de sus manifestaciones francas e intrépidas, de su natural desdén por todo género de pruebas! Después de todo..., ¿qué es una hermosa mentira? Simplemente algo que se prueba a sí mismo. Si un hombre carece lo bastante de imaginación para presentar pruebas en apoyo de una mentira, tanto da que diga la verdad de una vez. No. Los políticos de nada sirven. Quizá pueda decirse algo en favor del foro. La capa de los sofistas ha caído sobre sus miembros. Sus fingidas vehemencias y su irreal retórica son deliciosas. Pueden conseguir que la peor de las causas parezca la mejor, como si acabaran de llegar de las escuelas leontinas: y se sabe que han logrado de jurados reacios triunfantes veredictos absolutorios para sus clientes, hasta cuando esos clientes eran, como ocurre a menudo, clara e inequívocamente inocentes. Pero sus alegatos se basan en lo más vulgar y no les avergüenza invocar un precedente. A pesar de todos sus esfuerzos, la verdad se abre camino. Hasta los periódicos han degenerado. Ahora se puede confiar absolutamente en ellos. Cuando se recorren sus columnas se tiene la sensación de atravesar un vado. Lo que sucede es siempre lo ilegible. Temo que no haya mucho que decir en favor del abogado o del periodista. Además, mi alegato es en favor de la mentira en el arte. ¿Quieres que te lea lo que he escrito? Te hará muchísimo bien.

CYRIL.—Naturalmente, siempre que me des un cigarrillo. Gracias. Entre paréntesis..., ¿a qué revista destinas tu artículo?

VIVIAN.—A la *Revista Retrospectiva*. Creo haberte dicho que los elegidos la han resucitado.

CYRIL.—¿Qué quieres decir con eso de «los elegidos»?

VIVIAN.—¡Oh!... Me refiero a los hedonistas cansados, naturalmente. Es un club al cual pertenezco. Se supone que debemos lucir rosas marchitas en el ojal al reunirnos y rendirle algo así como un culto a Domiciano. Tengo la seguridad de que tú no eres elegible. Te gustan demasiado los placeres sencillos.

CYRIL.—Supongo que me rechazarían a causa de mi apasionamiento..., ¿verdad?

VIVIAN.—Probablemente. Además, eres un poco demasiado viejo. No admitimos a personas de la edad usual.

CYRIL.—Me imagino que debéis de estar muy aburridos los unos de los otros.

VIVIAN.—Así es. Tal es uno de los objetivos del club. Ahora, si prometes no interrumpirme con demasiada frecuencia, te leeré mi artículo.

CYRIL.—Verás que soy todo atención.

VIVIAN.—*(Leyendo, con voz muy clara.)* «La decadencia de la mentira: una protesta. Una de las causas principales que pueden explicar el carácter extrañamente vulgar de la mayor parte de la literatura de nuestro tiempo es, sin duda, la decadencia de la mentira como arte, como ciencia y como placer social. Los historiadores antiguos nos daban una deliciosa ficción con el nombre de hechos; el novelista moderno nos obsequia áridos hechos bajo el disfraz de la ficción. El *Libro Azul*[1] se está convirtiendo rápidamente en su ideal, tanto en cuanto al método como al modo. El novelista po-

---

1. Donde se dan a conocer, en Inglaterra, los informes oficiales. (*N. del t.*)

see su tedioso *document humain*, su miserable y pequeño *coin de la création*, cuyo interior atisba con el
microscopio. Se le encuentra en la Biblioteca Nacional
o en el Museo Británico, estudiando desvergonzadamente su tema. Ni siquiera tiene el coraje de usar ideas
ajenas, sino que insiste en ir directamente a la vida en
procura de todo, y en definitiva, entre las enciclopedias
y la experiencia personal fracasa, ya que ha extraído sus
tipos del círculo de la familia o de la mujer que viene a
lavar la ropa todas las semanas y obtenido un montón
de útiles informaciones, de las cuales no logra liberarse
ni aun en sus momentos de mayor meditación.

»La pérdida que sufre la literatura en general a causa de este falso ideal de nuestros tiempos difícilmente
podría ser exagerada. La gente habla con cierta negli-
gencia de un "mentiroso nato", así como habla de un
"poeta nato". Pero en ambos casos se equivoca. La
mentira y la poesía son artes —artes, como lo advirtió
Platón, no carentes de relación entre sí—, y exigen el
más cuidadoso estudio, la más desinteresada devoción.
A decir verdad, poseen su técnica, así como las artes
más materiales de la pintura y escultura tienen sus sutiles secretos de forma y color, sus misterios de oficio, sus
intencionados métodos artísticos. Así como se recono-
ce al poeta por su bella música, así también puede reconocerse al embustero por su rica expresión rítmica, y
en ninguno de ambos casos bastará la inspiración ca-
sual del momento. Aquí, como en cualquier otro caso,
la práctica debe preceder a la perfección. Pero en los
tiempos modernos, en tanto que la moda de escribir
poesía se ha vuelto harto común, y no debiera ser, si
fuese posible, alentada, la moda de la mentira ha caído
casi en el descrédito. Muchos jóvenes empiezan en la

vida con un don natural para la exageración, que si es estimulada con una atmósfera amistosa y comprensiva o con la imitación de los mejores modelos, puede fructificar en algo realmente grande y maravilloso. Pero, por regla general, esos jóvenes a nada llegan. O bien contraen descuidados hábitos de exactitud...»

CYRIL.—¡Pero, querido amigo...!

VIVIAN.—Te ruego que no me interrumpas en mitad de una frase. «O bien contraen descuidados hábitos de la exactitud o se dedican a frecuentar la sociedad de la gente madura y bien informada. Ambas cosas son igualmente fatales para su imaginación, como lo serían en verdad para la imaginación de cualquiera, y en breve tiempo nace en ellos una morbosa y enfermiza capacidad de decir la verdad, comienzan a verificar todas las manifestaciones que se hacen en su presencia, no vacilan en contradecir a la gente mucho más joven que ellos y terminan a menudo por escribir novelas tan semejantes a la vida que nadie podría creer probablemente en su verosimilitud. El ejemplo que damos no es un caso aislado. Es, simplemente, uno de tantos ejemplos; y, salvo que pueda hacerse algo para frenar o al menos modificar nuestra monstruosa adoración de los hechos, el arte se volverá estéril y la belleza desaparecerá de la tierra.

»Hasta el señor Robert Louis Stevenson, ese delicioso maestro de delicada e imaginativa prosa, está inficionado por dichos vicios modernos, porque no conocemos positivamente otra palabra con que llamarlos. Se puede despojar a un relato de todo su realismo al tratar de hacerlo demasiado veraz, y *La flecha negra* es tan inartística que no puede jactarse de un solo anacronismo, mientras que la transformación del doctor Jekyll linda peligrosamente con un experimento de *The lancet*. En cuanto al señor Rider Haggard, que posee en verdad, o poseyó al menos, los dones de un embustero realmente magnífico, teme tanto que lo sospechen genial que cuando nos cuenta algo maravilloso se siente obligado a inventar un recuerdo personal y a poner esto en una llamada, como una suerte de cobarde corroboración. Nuestros demás novelistas tampoco son mucho mejores. El señor Henry James escribe obras de ficción como si se tratase de un deber penoso, y despilfarra en mezquinos temas e imperceptibles «puntos de vista» su pulcro estilo literario, sus oportunas frases, su ágil y castiza sátira. El señor Hall Caine, es cierto, apunta a lo grandioso, pero escribe en esos momentos a voz en cuello. Es tan ruidoso que es imposible oír qué dice. El señor James Payn es un adepto del arte de ocultar lo que no vale la pena encontrar. Caza lo evidente con el entusiasmo de un detective miope. A medida que se vuelven las páginas, la ansiedad del autor se torna casi insoportable. Los caballos del faetón del señor William Blanck no suben hacia el sol. Se limitan a asustar al cielo al atardecer, con violentos efectos cromolitográficos. Al verlo acercarse, los campesinos buscan refugio en el dialecto. La señora Oliphant charla agradablemente sobre los curas, los partidos de tenis, la domesticidad y otras cosas tediosas. El señor Marion Crawford se ha inmolado a sí mismo en el altar del color local. Se parece a la dama de la comedia francesa que no hace sino hablar de *le beau ciel d'Italie*. Además, ha contraído la mala costumbre de decir vulgaridades morales. Siempre nos dice que ser bueno es ser bueno y que ser malo es ser perverso. Por momentos es casi edificante. *Robert Elsmere* es, naturalmente, una obra maestra, una obra maestra del *genre ennuyeux*, la única forma de literatura que parece deleitar absolutamente al pueblo inglés. Un pensativo amigo nuestro nos dijo, en cierta oportunidad, que esa obra le recordaba el tipo de conversación subsiguiente a una merienda en casa de una seria familia disidente, y podemos creerlo por cierto. En verdad, semejante libro sólo pudo publicarse en Inglaterra. En cuanto a la grande y creciente escuela de novelistas para quienes el sol sale siempre en el East-End, lo único que puede decirse de ellos es que encuentran la vida pelada y la dejan en carne viva.

»En Francia, a pesar de no haberse producido nada tan deliberadamente aburrido como *Robert Elsmere*, las cosas no marchan mucho mejor. M. Guy de Maupassant, con su penetrante y mordaz ironía y su despiadado y vívido estilo, despoja a la vida de los pocos míseros harapos que la cubrían aún y nos muestra sucias llagas y ulceradas heridas. Escribe pequeñas tragedias espeluznantes en que todo es ridículo, dolorosas comedias en que no se puede reír a causa de las mismas lágrimas. M. Zola, fiel al elevado principio que enuncia en una de sus declaraciones literarias: «*L'homme de génie n'a jamais d'esprit*», está resuelto a probar que si no tiene genio sabe al menos ser aburrido. ¡Y qué bien lo consigue! No carece de fuerza. A decir verdad, por momentos, como en *Germinal*, hay algo casi épico en su obra. Pero su obra es totalmente errónea desde el principio hasta el fin, y no por razones morales, sino por razones de arte. Desde cualquier punto de vista ético, es precisamente lo que debe ser. El autor es veraz en absoluto y describe las cosas exactamente tal como han ocurrido. ¿Qué más podría desear cualquier moralista? No simpatizamos en absoluto con la indignación de

121

nuestra época contra M. Zola. Se trata, simplemente, de la indignación de Tartufo puesto al descubierto. Pero desde el punto de vista del arte..., ¿qué puede decirse en favor del autor de *L'Assommoir*, de *Naná* y de *Pot-Bouille*? Nada. El señor Ruskin calificó en cierta ocasión a los personajes de las novelas de George Eliot de desperdicios de un autobús de Pentoville, pero los personajes de M. Zola son mucho peores. Tienen sus aburridos vicios, y sus virtudes más aburridas aún. La historia de sus vidas carece absolutamente de interés. ¿Quién se interesa por lo que les ocurre? En literatura necesitamos distinción, encanto, belleza y fuerza imaginativa. No queremos ser atormentados y asqueados con un relato de los actos de las especies inferiores. M. Daudet es mejor. Tiene ingenio, delicadeza de ejecución y un estilo entretenido. Pero ha cometido, últimamente, un suicidio literario. Difícilmente podría interesarse alguien por Delobelle, con su *Il faut lutter pour l'art*, o por Valmajour, con su eterno estribillo sobre el ruiseñor, o por el poeta de *Jack* con sus *mots cruels*, ahora que hemos sabido por *Vingt ans de ma vie littéraire* que esos personajes han sido tomados directamente de la vida. Para nosotros, éstos parecen haber perdido de pronto toda su vitalidad, todas las pocas cualidades que poseyeran. Los únicos seres reales son los seres que nunca existieron, y si un novelista es lo bastante ruin para ir a la vida en busca de personajes, debe simular al menos que se trata de creaciones y no jactarse de que constituyen copias. La justificación de un personaje en una novela no es que otras personas son como son, sino que el autor es como es. De no ser así, la novela no es una obra de arte. En cuanto a M. Paul Bourget, el maestro del *roman psychologique*, comete el error de suponer que todos los hombres y mujeres de la vida moderna son susceptibles de ser analizados infinitamente en una serie innumerable de capítulos. En realidad, lo interesante sobre la gente de la buena sociedad —y M. Bourget rara vez sale del Faubourg S. Germain, salvo para ir a Londres— es la máscara que ostenta cada una de esas personas, no la realidad que se esconde tras de la máscara. La confesión es humillante, pero todos estamos hechos de la misma madera. En Falstaff hay algo de Hamlet, en Hamlet no poco de Falstaff. El gordo caballero tiene sus momentos de melancolía y el joven príncipe sus instantes de humor grosero. Si en algo diferimos los unos de los otros es puramente en los elementos accidentales: en la ropa, el porte, el tono de voz, las opiniones religiosas, el aspecto personal, los hábitos y otros semejantes. Cuanto más se analiza a la gente tanto más desaparecen todos los motivos para el análisis. Tarde o temprano se llega a ese espantoso hecho universal que se llama la naturaleza humana. En realidad, como lo sabe demasiado bien todo aquel que ha trabajado alguna vez entre los pobres, la fraternidad del hombre no es un simple sueño de poeta, es una realidad muy deprimente y humillante; y si un escritor insiste en analizar a las clases superiores, tanto da que escriba de inmediato sobre modistillas y vendedores ambulantes de fruta.» Sin embargo, mi querido Cyril, no te seguiré hablando de esto. Admito perfectamente que las novelas modernas tienen muchas buenas cualidades. Sólo insisto en que, en general, son por completo ilegibles.

CYRIL.—Lo cual es, ciertamente, una cualidad muy grave, pero debo decirte que me pareces bastante injusto en algunas de tus críticas. Me gustan *El juez* y *La hija de Heth* y *El discípulo* y *El señor Isaac*, y en cuanto a *Robert Elsmere*, siento devoción por esa obra. No porque la considere una obra seria. Como exposición de los problemas con que se enfrentan los primitivos cristianos es ridícula y anticuada. Es, simplemente, *Literatura y dogma*, de Arnold, pero sin la literatura. Es tan anticuada como *Las pruebas* de Paley, o el método de Colenso para la exégesis bíblica. Nada podría ser menos impresionante que el infortunado protagonista, al anunciar con gravedad un alba producida muchísimo tiempo antes, pues se le pasa por alto tan absolutamente su verdadera significación que se propone proseguir los negocios de la firma antigua con un nombre nuevo. Por otra parte, la obra contiene varias caricaturas hábiles y un montón de citas deliciosas, y la filosofía de Green endulza muy gratamente la un poco amarga píldora de la ficción del autor. Asimismo, no puedo dejar de expresarte mi sorpresa al ver que no has dicho una sola palabra sobre dos novelistas que lees siempre, Balzac y George Meredith. Ambos son realistas, por cierto..., ¿no es así?

VIVIAN.—¡Ah, Meredith! ¿Quién podría definirlo? Su estilo es el caos iluminado por fulgores de relámpago. Como escritor lo domina todo, menos narrar; como artista lo es todo, menos claro. Un personaje de Shakespeare —Touchstone, me parece— habla de un hombre que se está rompiendo siempre las espinillas contra su propio ingenio, y me parece que esto podría servir de base a una crítica del método Meredith. Pero, sea lo que fuere, no es un realista. O, más bien, yo diría que es un hijo del realismo que no se habla con su padre. Por libre opción ha resuelto ser un romántico. Se ha negado a hincarse de rodillas ante Baal, y después de todo, aun cuando el fino espíritu de ese hombre no se rebelara asqueado contra los turbulentos asertos del realismo, su estilo bastaría sobradamente en sí mismo para mantener a la vida a respetuosa distancia. Con sus propios medios, Meredith ha plantado en torno de su jardín un seto vivo lleno de espinas y rojo de maravillosas rosas. En cuanto a Balzac, ha sido una notabilísima combinación del temperamento artístico con el espíritu científico. Balzac le legó este último a su discípulo. El primero fue exclusivamente suyo. La diferencia entre un libro como *L'Assommoir*, de M. Zola, y las *Illusions perdues*, de Balzac, es la diferencia entre el realismo sin imaginación y la realidad imaginativa. «Todos los personajes de Balzac —dice Baudelaire— están dotados del mismo apasionamiento vital que animaba a su autor. Todas las obras de ficción de Balzac tienen el profundo colorido de los sueños. Todo espíritu es un arma cargada hasta la boca de voluntad. Hasta los pinches de cocina tienen genio.» Un detenido estudio de Balzac reduce a nuestros amigos vivos a sombras y a nuestros conocidos a sombras de tonos. Sus personajes tienen una suerte de fervorosa vida de encendidos colores. Nos dominan y desafían el escepticismo. Una de las tragedias más grandes de mi vida es la muerte de Lucien de Rubempré. Se trata de un dolor del cual nunca he podido desembarazarme por completo. Lo recuerdo en mis momentos de placer. Lo recuerdo al reír. Pero Balzac no es más realista de lo que lo era Holbein. Creaba la vida, no la copiaba. Reconozco, con todo, que asignaba demasiado valor a la modernidad de la forma y que, por tanto, ninguno de sus libros puede parangonarse como obra maestra artística con *Salambó* o *Esmond* o *El claustro y el hogar* o *El vizconde de Bragelonne*.

CYRIL.—¿Te opones, pues, a la modernidad de la forma?

VIVIAN.—Sí. Es un precio enorme para un resultado tan pobre. La mera modernidad de la forma conduce siempre en cierto modo a lo vulgar. Esto es inevitable. El público supone que, ya que él se interesa por su atmósfera inmediata, el arte debe interesarse también por ésta y tomarla por tema. Pero el solo hecho de que le interesen esas cosas al público hace de ellas temas inadecuados para el arte. Las únicas cosas bellas, como lo dijera alguien en cierta oportunidad, son las que no nos interesan. Mientras una cosa no es útil o necesaria o influye sobre nosotros de algún modo, ya sea para el dolor o el placer, o seduce intensamente nuestra simpatía o forma parte esencial del medio en que vivimos, se halla fuera de la esfera propia del arte. Frente al tema tratado por el arte debemos ser más o menos indiferentes. Debemos, en todo caso, no tener preferencias, ni prejuicios, ni sentimientos partidistas de ninguna clase. Si las penas de Hécuba constituyen un tema tan admirable para una tragedia, ello se debe precisamente a que Hécuba nada significa para nosotros. En toda la historia de la literatura nada conozco de más triste que la carrera artística de Charles Reade. Éste escribió un hermoso libro, *El claustro y el hogar*, un libro tan superior a *Rómola* como lo es *Rómola* a *Geronda*, y derrochó el resto de su vida en una tonta tentativa de ser moderno, de llamar la atención general sobre el estado de nuestros presidios y sobre la dirección de nuestros manicomios particulares. Charles Dickens fue bastante deprimente, en verdad, cuando procuró suscitar nuestra simpatía por las víctimas de la administración fundada por las leyes para pobres; pero cuando se ve a Charles Reade, un artista, un erudito, un hombre dotado del sentido auténtico de la belleza, enfurecido y bramando contra los abusos de la vida contemporánea, como un folletista vulgar o un gacetillero sensacionalista, el espectáculo es realmente de los que podrían hacer llorar a los propios ángeles. Créeme, mi querido Cyril: la modernidad de la forma y la modernidad del tema son algo total y absolutamente erróneo; hemos confundido la librea común de la época con la vesta de las Musas, y nos pasamos los días en las sórdidas callejas y repulsivos suburbios de nuestras despreciables ciudades, cuando debiéramos estar en la pendiente de la colina con Apolo. Somos, por cierto, una especie degradada y hemos vendido nuestro derecho de primogenitura por un plato de hechos.

CYRIL.—Hay algo de cierto en lo que dices, y no cabe duda de que, sea cual fuere el entretenimiento que podemos obtener de la lectura de una novela puramente ejemplar, rara vez nos proporciona algún placer artístico releerla. Y esto es, quizá, la mejor piedra de toque, en términos generales, de lo que es literatura y de lo que no lo es. Si no se siente goce alguno al releer un libro repetidas veces, no vale la pena leerlo en absoluto. Pero..., ¿qué me dices del regreso a la Vida y a la Naturaleza? Ésta es la panacea que nos han recomendado siempre.

VIVIAN.—Te leeré lo que digo al respecto. Ese pasaje figura en el artículo más adelante, pero tanto da que te lo lea ahora:

«El clamor popular de nuestra época es "Volvamos a la Vida y a la Naturaleza"; éstas recrearán el arte para nosotros y nos harán galopar sangre roja por las venas, calzarán los pies del arte con velocidad y harán recia su mano. Pero..., ¡ay! Nos equivocamos en nuestros amables y bien intencionados esfuerzos. La naturaleza está siempre a la zaga de la época. Y en cuanto a la vida, es el disolutivo que descompone el arte, el enemigo que causa estragos en la casa del arte».

CYRIL.—¿Qué quieres decir al manifestar que la naturaleza queda siempre a la zaga de la época?

VIVIAN.—A decir verdad, quizá eso sea algo esotérico. Lo que quiero decir es lo siguiente: si al hablar de la naturaleza queremos dar a entender el simple instinto natural como algo opuesto a la afectada cultura, la obra producida bajo esa influencia es siempre anticuada, envejecida, anacrónica. Un toque de naturaleza puede emparentar al mundo entero, pero dos toques destruirán cualquier obra de arte. Si, por otra parte, miramos a la naturaleza como la colección de fenómenos externos al hombre, la gente sólo descubre en ella lo que le aporta. La naturaleza no le ofrece sugestiones intrínsecas. Wordsworth fue a los lagos, pero nunca fue un poeta de los lagos. Halló en las piedras los sermones que ya ocultara allí. Recorrió el distrito predicando moral, pero su obra de valor nació a su regreso, no a la naturaleza, sino a la poesía. La poesía le dio *Laodamia* y los bellos sonetos y la gran Oda, tales como son. La naturaleza le dio *Marta Ray* y *Peter Bell* y la arenga a la espada del señor Wilkinson.

CYRIL.—Creo que esa opinión es discutible. Me inclino a creer en «el impulso de un bosque primaveral», aunque, desde luego, el valor artístico de dicho impulso depende exclusivamente del tipo de temperamento que lo recibe, de modo que el regreso a la naturaleza significaría simplemente el avance hacia una gran personalidad. Supongo que estarás de acuerdo conmigo en eso. Pero prosigue leyendo tu artículo.

VIVIAN.—*(Leyendo.)* «El arte comienza por una ornamentación abstracta, por una gran labor, puramente imaginativa, que se refiere a lo irreal e inexistente. Tal es la primera etapa. Luego, la Vida se siente fascinada ante esta nueva maravilla y solicita su admisión en el círculo mágico. El arte toma a la vida como parte de su materia prima, la recrea y rehace en formas nuevas, es absolutamente indiferente ante los hechos, inventa, imagina, sueña y establece entre sí mismo y la realidad la infranqueable barrera del estilo hermoso, del tratamiento decorativo o ideal. La tercera etapa se presenta cuando la Vida obtiene ventaja y arrastra al Arte a las soledades. Ésta es la decadencia auténtica y es esto lo que estamos sufriendo ahora.

»Tomemos el caso del teatro inglés. Al principio, en manos de los monjes, el arte dramático fue abstracto, decorativo y mitológico. Luego, puso la vida a su servicio, y usando algunas de las formas externas de la vida creó una especie completamente nueva de seres, cuyos dolores eran más terribles que los experimentados nunca por un hombre, cuyas alegrías eran más intensas que los júbilos de los amantes, que tenían la ira de los titanes y la serenidad de los dioses, pecados monstruosos y maravillosos, virtudes monstruosas y maravillosas. A ellos les dio un lenguaje totalmente distinto del corriente, un lenguaje pleno de resonante música y de dulce ritmo, que tomaba majestuosa la solemne cadencia o delicada la caprichosa consonancia, enjoyado con maravillosas palabras y enriquecido con una dicción elevada. Vistió a sus hijos con extraño indumento y les dio máscaras, y ante su orden el mundo antiguo se levantó de su tumba de mármol. Un nuevo César recorrió majestuosamente las calles de la surgida Roma, y con velas

129

purpúreas y remos guiados por flautas otra Cleopatra cruzó el río rumbo a Antioquía. El mito y la leyenda y el sueño antiguos cobraron forma y sustancia. La historia fue reescrita íntegramente y apenas si hubo un solo dramaturgo que no admitiera que el fin del arte no es la verdad simple, sino la belleza compleja. En esto tenían absoluta razón. El propio arte es, en realidad, una forma de exageración; y la selección, que es el propio espíritu del arte, sólo es un modo intensificado de superafectación.

»Pero la Vida no tardó en destruir la perfección de la forma. Hasta en Shakespeare podemos ver el principio del fin. Éste se revela en el gradual desmoronamiento del verso libre en sus últimas piezas, en el predominio dado a la prosa y en la excesiva importancia asignada a la caracterización. Los pasajes de Shakespeare —y son muchos— en que el lenguaje es tosco, vulgar, exagerado, fantástico, hasta obsceno, se deben exclusivamente a que la Vida busca un eco de su propia voz y repele la intervención de un estilo hermoso, que debiera ser la sola manera de hallar expresión a la vida. Shakespeare no es, en modo alguno, un artista impecable. Gusta demasiado de ir derechamente a la vida y de tomar en préstamo la expresión natural de la vida. Olvida que cuando el arte cede su instrumento imaginativo, lo cede todo. Goethe dice en alguna parte:

In der Beschrankung zaigt sich erst der Meister.

»Es con el trabajo dentro de los límites como se revela el maestro; y la limitación, la condición misma de todo arte, es el estilo. Con todo, no necesitamos detenernos más en el realismo de Shakespeare. *La tempes-*

tad es la más perfecta de las palinodias. Todo lo que deseábamos señalar es que la magnífica labor de los artistas isabelinos y jacobeanos contuvo en sí misma los gérmenes de su disolución, y que si extrajo algunas de sus fuerzas usando a la vida como materia prima obtuvo todas sus debilidades usando a la vida como método artístico. Como fruto inevitable de esta sustitución de un instrumento creador por un instrumento imitativo, de este abandono de una forma imaginativa, tenemos el melodrama inglés moderno. Los personajes de estas obras hablan en escena exactamente tal como hablarían fuera de ella, no tienen aspiraciones ni anhelos, son tomados en forma directa de la vida y reproducen su vulgaridad hasta en el más mínimo detalle: presentan el andar, los modales, atavíos y acento de la gente auténtica, y pasarían inadvertidos en un vagón ferroviario de tercera. ¡Y, con todo, cuán aburridas son esas piezas! No logran producir siquiera la impresión de realismo que buscan y que es su única razón de existir. Como método, el realismo es un fracaso absoluto.

»Lo que puede decirse del drama y la novela no es menos cierto en cuanto a esas artes que llamamos decorativas. Toda la historia de estas artes en Europa es la historia de la lucha entre el orientalismo, con su franco repudio de la imitación, con su amor al convencionalismo artístico, con su aversión a la real representación de todo objeto en la naturaleza, y nuestro propio espíritu imitativo. Dondequiera ha predominado el primero, como en Bizancio, Sicilia y España, por contacto real, o en el resto de Europa, bajo la influencia de las Cruzadas, hemos tenido obras hermosas e imaginativas en que los signos visibles de la vida son transmutados en convencionalismos artísticos, y las cosas que no se presentan

131

en la vida son inventadas y confeccionadas para su deleite. Pero dondequiera hemos retornado a la vida y a la naturaleza, nuestra labor se ha vuelto siempre vulgar, común y carente de interés. La tapicería moderna, con sus efectos etéreos, su perspectiva refinada, sus amplias extensiones de cielo inútil, su fiel y laborioso realismo, carece de cualquier género de belleza. El vidrio pictórico de Alemania es absolutamente detestable. Estamos empezando a tejer posibles alfombras en Inglaterra, pero sólo porque hemos vuelto al método y espíritu del Oriente. Nuestras alfombras y nuestros tapices de hace veinte años, con sus solemnes y deprimentes verdades, su vacuo culto de la naturaleza, sus mezquinas reproducciones de objetos visibles, han llegado a ser, hasta para los filisteos, motivo de risa. Un culto mahometano nos observó en cierta oportunidad: "Ustedes los cristianos están tan atareados con la tergiversación del cuarto mandamiento que jamás han pensado en hacer una aplicación artística del segundo". Tenía toda la razón del mundo, y la verdad absoluta en este punto es la siguiente: "La escuela adecuada para aprender el arte no es la vida, sino el Arte".»

»Y ahora permíteme que te lea un pasaje que, según creo, deja zanjado en forma muy completa el asunto:

«No siempre ha sido así. Nada tenemos que decir de los poetas, ya que éstos, con la infortunada excepción del señor Wordsworth, han sido verdaderamente fieles a su elevada misión y son considerados en general como absolutamente indignos de confianza. Pero en las obras de Herodoto, que, a pesar de las superficiales y poco generosas tentativas de los seudoeruditos modernos por verificar su historia puede ser llamado a justo título

El padre de las mentiras, en los discursos publicados de Cicerón y las biografías de Suetonio, en las mejores obras de Tácito, en la *Historia natural* de Plinio, en el *Periplo* de Hannon, en todas las crónicas primitivas, en las vidas de los santos, en Feoissart y en sir Thomas Malory, en los viajes de Marco Polo, en Olao Magno y Aldrovando y Conrado Licóstenes, con su magnífico *Prodigiorum et Ostentorum Chronicon*, en la autobiografía de Benvenuto Cellini, en las memorias de Casanova, en la *Historia de la peste* de Defoe, en la *Vida de Johnson* por Boswell, en los partes de Napoleón y en las obras de nuestro propio Carlyle, cuya *Revolución francesa* es una de las más fascinantes novelas históricas que se hayan escrito, los hechos son conservados en su propia posición subalterna, o bien totalmente excluidos bajo la inculpación total de prosaísmo. Ahora todo ha cambiado. Los hechos no sólo encuentran un sitio básico en la historia, sino que usurpan los dominios de la fantasía y han invadido el reino del romance. Su escalofriante contacto está en todas partes. Vulgarizan a la humanidad. El crudo comercialismo de los Estados Unidos, su espíritu materializador, su indiferencia ante el aspecto poético de las cosas y su falta de imaginación y de elevados ideales inalcanzables se deben totalmente a la circunstancia de que ese país adoptó como héroe nacional a un hombre que, según propia confesión, era incapaz de decir una mentira, y bien puede decirse que la historia de George Washington y del cerezo ha hecho más daño, en más breve espacio de tiempo, que cualquiera otra narración moral en toda la historia de la literatura».

CYRIL.—¡Pero, mi querido amigo...!

VIVIAN.—Te aseguro que es así, y lo más divertido

de todo eso es que la historia del cerezo es un perfecto mito. Con todo, no debes creerme demasiado desanimado respecto al porvenir artístico de los Estados Unidos o de nuestro país. Escucha esto:

«Sea como fuere, no dudamos de que se operará algún cambio antes de terminar el siglo. Aburrida por la tediosa e instructiva conversación de quienes no tienen el ingenio necesario para exagerar ni el genio necesario para el romanticismo, cansada de las personas inteligentes cuyas reminiscencias están basadas siempre en la memoria, cuyas manifestaciones están limitadas siempre por la probabilidad y que pueden ser confirmadas en cualquier momento por el más simple de los filisteos presentes, la sociedad, tarde o temprano, deberá volver a su caudillo perdido: el embustero culto y fascinador. No sabríamos decir quién fue el primero que, sin haber salido nunca siquiera de caza, les contó a los vagabundos hombres de las cavernas, a la hora del crepúsculo, cómo había obligado a salir al megaterio de la sombra purpúrea de su cueva de jaspe o matado al mamut en singular combate y traído consigo sus dorados colmillos, y ninguno de nuestros antropólogos modernos, pese a su tan pregonada ciencia, ha tenido el sencillo valor necesario para decírnoslo. Sea cual fuere su nombre o raza, ese hombre fue ciertamente el verdadero fundador del comercio social. Porque la finalidad del embustero es simplemente seducir, deleitar, proporcionar placer. Es la base misma de la sociedad civilizada, y sin él, una cena, aun en las mansiones de los poderosos, es tan aburrida como una conferencia en la Royal Society o un debate en la Incorporated Authors o una de las comedias de enredo del señor Burnand.

»No será solamente la sociedad quien le dé la bienvenida. El arte, zafándose de la morada-cárcel del realismo, correrá a saludarlo y besará sus labios engañosos y bellos, sabiendo que sólo él posee el gran secreto de todas las manifestaciones artísticas, el secreto de que la Verdad es, total y enteramente, nada más que una cuestión de estilo: en tanto que la vida —la pobre, probable y nada interesante vida humana—, cansada de repetirse en beneficio del señor Herbert Spencer, los historiadores científicos y los compiladores de estadísticas en general, lo seguirá dócilmente y tratará de reproducir, en su forma simple y rústica, algunas de las maravillas de que él habla.

»Sin duda, siempre habrá críticos que, como cierto escritor del *Saturday Review*, censurarán con aire grave al narrador de bellos cuentos por su defectuoso conocimiento de la historia natural, que medirán la obra imaginativa con su propia ausencia de toda capacidad imaginativa y alzarán sus manos manchadas de tinta con horror si algún honrado caballero, que jamás ha llegado más allá de los tejos de su jardín, escribe un fascinante libro de viajes como sir John Nandeville, o bien, como el gran Raleigh, toda una historia del mundo, sin saber lo más mínimo sobre el pasado. Para excusarse, esos hombres intentarán protegerse tras del escudo de quien hizo a Próspero el mago y le dio por criados a Calibán y Ariel, de quien oyó tocar sus cuernos a los tritones en torno de los arrecifes de coral de la isla Encantada y oyó a las hadas prodigarse cantos mutuos en un bosque próximo a Atenas, de quien condujo a los reyes fantasmas en vaga procesión a través del neblinoso brezal escocés, y ocultó a Hécate en una caverna con sus horripilantes hermanas. Invocarán a Shakespeare —como lo hacen siempre— y citarán el trillado pasaje que ya sabemos, olvi-

135

dando que ese infortunado aforismo, según el cual el arte le facilita un espejo a la naturaleza, es dicho intencionalmente por Hamlet para convencer a los circunstantes de su absoluta estupidez en toda materia de arte».

CYRIL.—¡Hum! Otro cigarrillo, por favor.

VIVIAN.—Querido amigo, por más que digas, deberás reconocer que se trata simplemente de una expresión teatral y que no representa las verdaderas opiniones de Shakespeare en materia de arte, como las peroratas de Yago no representan sus verdaderas opiniones en materia de moral. Pero permíteme llegar al final del pasaje:

«El arte encuentra su propia perfección dentro —y no fuera—de sí mismo. No debe ser juzgado por un patrón externo de semejanza. Es un velo más bien que un espejo. Tiene flores que no conoce bosque alguno, pájaros que no poseen arboleda alguna. Modela y remodela muchos mundos y puede bajar a la luna del cielo con un hilo escarlata. Le pertenecen las "formas más reales que el hombre vivo" y los grandes arquetipos, de los cuales apenas si son copias inconclusas las cosas existentes. La naturaleza, para él, carece de leyes y de uniformidad. Puede obrar milagros a su antojo, y cuando llama a los monstruos de las profundidades del mar éstos acuden. Puede ordenarle al almendro que florezca en invierno y enviar la nieve sobre el maizal maduro. A una palabra suya la escarcha pone su argénteo dedo sobre la boca ardiente de junio y los alados leones se arrastran fuera de las hondonadas de las colinas lidias. Las dríadas atisban en los bosquecillos a su paso y los morenos faunos le sonríen extrañamente al verlo pasar. Tiene dioses con rostro de halcón que lo adoran y los centauros galopan a su lado».

Cyril.—Eso me gusta. Me parece exacto. ¿Es el final?

Vivian.—No. Hay un pasaje más, pero es meramente práctico. Sugiere, tan sólo, algunos métodos mediante los cuales podríamos resucitar ese perdido arte de la mentira.

Cyril.—Pues bien... Antes de que me lo leas me gustaría formularte una pregunta. ¿Qué quieres decir al afirmar que la vida «pobre, probable, nada interesante», tratará de reproducir las maravillas del arte? Comprendo perfectamente tu objeción a que el arte sea tratado como un espejo. Crees que eso reduciría al genio a la situación de un espejo rajado. Pero... ¿no me dirás que crees seriamente que la vida imita al arte, que la vida es en realidad un espejo y el arte la realidad?

Vivian.—Ciertamente que lo creo. Por paradójico que pueda parecer —y las paradojas son siempre cosas arriesgadas— no deja de ser cierto que la vida imita al arte mucho más de lo que el arte imita a la vida. Todos hemos visto en nuestros propios tiempos, en Inglaterra, cómo cierto curioso y seductor tipo de belleza, inventado y acentuado por dos imaginativos pintores, ha influido tanto sobre la vida que, adondequiera se va, ya sea a una reunión privada o a un salón artístico, se ve, aquí los místicos ojos del sueño de Rossetti, el largo cuello de marfil, el extraño mentón cuadrado, el suelto cabello oscuro que él tan ardientemente amara, allá la dulce virginidad de *La escalera de oro*, la boca semejante a un capullo y la fatigada hermosura de la *Laus Amoris*, el rostro de Andrómeda, pálido de pasión, las finas manos y flexible belleza del Vivian de *El sueño de Merlín*. Y siempre ha sido así. Un gran artista inventa un tipo, y la vida procura copiarlo, reproducirlo en una

137

forma popular, como un editor con espíritu de empresa. Ni Holbein ni Van Dyck hallaron en Inglaterra lo que nos dieron. Trajeron sus tipos consigo, y la vida, con su sagaz capacidad imitativa, se dedicó a suministrarle modelos al maestro. Los griegos, con su despierto instinto artístico, comprendieron esto y colocaron en el aposento de la recién casada la estatua de Hermes y la de Apolo, para que ella pudiese alumbrar hijos tan bellos como las obras de arte que ella mirara en el éxtasis de su dolor. Sabía que la vida no sólo obtiene del arte espiritualidad, profundidad de pensamientos y sentimientos, el desasosiego o la paz del alma, sino que puede formarse a su vez sobre los mismos lineamientos y colores del arte y reproducir la dignidad de Fidias, así como la gracia de Praxíteles. De ahí vino su objeción al realismo. A los griegos éste les inspiraba aversión por razones puramente sociales. Sentían que el realismo vuelve inevitablemente fea a la gente, y tenían muchísima razón. Nosotros tratamos de mejorar las condiciones de la especie con buen aire, abundante sol, aguas sanas y repulsivos y desnudos edificios, para mejor albergue de las clases superiores. Pero estas cosas producen meramente salud, no belleza. Para esto se requiere el arte, y los verdaderos discípulos del gran artista no son sus imitadores de estudio, sino quienes se tornan semejantes a sus obras de arte, ya sean plásticos como en tiempos de los griegos o pictóricos como en los tiempos modernos: en una palabra, la vida es el mejor discípulo del arte, su único discípulo.

»Lo que ocurre con las artes visibles ocurre también con la literatura. La forma más obvia y vulgar en que se revela esto es en el caso de los estúpidos muchachos que, después de haber leído las aventuras de Jack

Sheppard o de Dick Turpin, saquean las casillas de la desventurada vendedora de manzanas, asaltan bombonerías de noche y alarman a los viejos que vuelven a su casa de la City, saltando sobre ellos en las callejas suburbanas, con máscaras negras y revólveres descargados. Este interesante fenómeno, que siempre ocurre después de aparecer una nueva edición de cualquiera de los libros aludidos, es atribuido por lo general a la influencia de la literatura sobre la imaginación. Pero esto es un error. La imaginación es esencialmente creadora y busca siempre una forma nueva. El muchacho-atracador es, simplemente, el inevitable resultado del instinto imitativo de la vida. Ese muchacho es el Hecho, que se preocupa, como ocurre habitualmente con el Hecho, de reproducir la Ficción: y lo que vemos en él se repite en escala más amplia en toda la vida. Schopenhauer ha analizado el pesimismo que caracteriza a todo el pensamiento moderno, pero Hamlet es su inventor. El mundo se ha entristecido porque un títere se sintió antaño melancólico. El nihilista, ese extraño mártir sin fe que va a la pira sin entusiasmo y muere por lo que no cree, es un producto puramente literario. Fue inventado por Turguéniev y perfeccionado por Dostoievski. Robespierre surgió de las páginas de Rousseau tan seguramente como el Palacio del Pueblo emergió de los *débris* de una novela. La literatura presagia siempre a la vida. No la copia, sino que la amolda a sus fines. El siglo xix, ya lo sabemos, es en gran parte invención de Balzac. Nuestros Luciens de Rubempré, nuestros Rastignacs y nuestros De Marsays hicieron su primera aparición en el escenario de *La comedia humana*. Nos limitamos a realizar, con llamadas y agregados innecesarios, el capricho o la fantasía o la visión creadora de un gran novelista. En cierta ocasión le pregunté a una dama que conociera íntimamente a Thackeray si éste había tenido algún modelo para Becky Sharp. Ella me dijo que Becky era una invención, pero que la idea del personaje le había sido sugerida en parte por una institutriz que vivía en la vecindad de Kensington Square y era dama de compañía de una anciana muy egoísta y rica. Pregunté qué había sido de la institutriz, y la dama me replicó que, cosa extraña, unos años después de haber aparecido *La feria de las vanidades*, aquélla había huido con un sobrino de la anciana con quien vivía, causando durante no poco tiempo un gran revuelo social en el mismo estilo de la señora de Rawdon Crawley y enteramente de acuerdo con los métodos de la señora de Rawdon Crawley. En definitiva, había salido malparada, huyendo al continente, y se la solía ver ocasionalmente en Montecarlo y otros salones de juego. El noble caballero de quien el mismo gran sentimental obtuviera al coronel Newcome murió a los pocos meses de haber alcanzado *Los Newcomes* una nueva edición, con la palabra «Adsum» sobre los labios. Poco después de haber publicado el señor Stevenson su curiosa novela psicológica de transformación, un amigo mío, llamado Hyde, se hallaba en el norte de Londres, y ansioso por llegar pronto a una estación ferroviaria tomó lo que supuso un atajo, se extravió y se encontró en una maraña de calles sórdidas y de lamentable aspecto. Bastante nervioso, echó a andar con suma rapidez, cuando súbitamente salió corriendo de una arcada un niño, que fue a dar directamente entre sus piernas. El niño cayó sobre la acera, Hyde tropezó con él y lo pisó. Muy asustado y, desde luego, algo lastimado, el niño comenzó a gritar, y a los pocos instantes toda la calle se había llenado de gente tosca, que brotó de las casas con profusión de hormigas. Todos ellos rodearon a Hyde y le preguntaron su nombre. Él se disponía a darlo, cuando recordó bruscamente el incidente inicial de la novela del señor Stevenson. Lo llenó de tal horror el haber realizado con su propia persona aquella escena terrible y bien escrita y el haber hecho accidentalmente, aunque en forma efectiva, lo que hiciera el señor Hyde de la ficción en forma deliberada, que huyó corriendo con toda la velocidad posible. Pero lo siguieron pisándole los talones, y finalmente halló refugio en una clínica quirúrgica, cuya puerta estaba abierta por casualidad, y allí le explicó al joven ayudante, que estaba accidentalmente, lo que ocurría. Se logró inducir a la humanitaria multitud a que se marchara al darle Hyde una pequeña suma de dinero, y, apenas no quedaron moros en la costa, éste se fue. Al pasar, le llamó la atención el nombre que aparecía sobre la placa de bronce de la clínica. Éste era JEKYLL. Al menos, debió serlo.

»Aquí la imitación, que ahora era meramente accidental. En el caso que sigue fue semiconsciente. En 1879, apenas hube abandonado Oxford, conocí en una recepción dada en casa de uno de los embajadores extranjeros a una mujer de muy curiosa y exótica belleza. Nos hicimos grandes amigos y estuvimos constantemente juntos. Y, con todo, lo que más me interesó en ella no fue su belleza, sino su carácter, la vaguedad absoluta de su carácter. No parecía tener personalidad alguna, sino, pura y simplemente, la posibilidad de muchos tipos. A veces se consagraba por completo al arte, convertía su sala de recibo en un estudio y se pasaba dos o tres días por semana en las exposiciones de pintura o en los museos. Luego, se le antojaba concurrir a carreras de caballos, vestía las ropas más hípicas imaginables y sólo hablaba de apuestas. Abandonaba a la religión por el mesmerismo, al mesmerismo por la política y a la política por las emociones melodramáticas de la filantropía. En realidad era una especie de Proteo y fracasaba tanto en todas sus transformaciones como ese asombroso dios del mar cuando Odiseo se apoderó de él. Cierto día comenzó a publicarse un folletín en una de las revistas francesas, y recuerdo perfectamente el sobresalto de sorpresa que experimenté al llegar a la descripción de la protagonista. Se parecía tanto a mi amiga que le traje la revista: y ella se reconoció de inmediato en aquel personaje y pareció sentirse fascinada ante la semejanza. Debo decirte, entre paréntesis, que la novela había sido traducida y que su autor era un escritor ruso ya fallecido, de modo que el autor no había tomado su tipo de mi amiga. Pues bien... Para abreviar, te diré que, a los pocos meses, yo me encontraba en Venecia, y al hallar la revista en el salón de lectura del hotel la tomé distraídamente para averiguar qué había sido de la protagonista. Se trataba de un relato muy lamentable, ya que la muchacha había terminado por huir con un hombre absolutamente inferior a ella, no sólo en posición social, sino también en carácter e intelecto. Le escribí a mi amiga esa noche mis opiniones sobre Giovanni Bellini, y los admirables sorbetes de Florian's y el valor artístico de las góndolas, pero agregué una posdata manifestando que su doble en la novela se había portado de una manera muy tonta. No sé por qué agregué esto, pero recuerdo haber temido, en cierto modo, que ella pudiese hacer lo mismo. Antes de que mi carta llegara a sus manos mi amiga había huido con un hombre que la abandonó a los seis meses. La vi en 1884 en París, donde vivía con su madre, y le pregunté si la novela había tenido algo que ver con su conducta. Me dijo que había sentido un impulso absolutamente irresistible de seguir a la protagonista paso a paso en su extraño y fatal proceso y que había esperado los últimos capítulos de la novela con un sentimiento de verdadero terror. Al publicarse éstos, le había parecido que debía forzosamente reproducirlos en la vida, y así lo había hecho. Éste es un ejemplo muy claro del instinto imitativo a que me refiero, y sumamente trágico, por cierto.

»Sin embargo, no deseo extenderme más sobre casos individuales. La experiencia personal es un círculo muy vicioso y limitado. Todo lo que quiero señalar es el principio general de que la vida imita al arte mucho mejor de lo que imita el arte a la vida, y me siento seguro de que, si lo meditas seriamente, comprobarás que es cierto. La vida le tiende su espejo al arte y, o bien reproduce algún extraño tipo imaginado por el pintor o el escultor, o realiza en la realidad lo que se ha soñado en la ficción. En términos científicos, el fundamento de la vida —la energía de la vida, diría Aristóteles— es simplemente el deseo de expresión, y el arte presenta siempre diversas formas mediante las cuales puede obtenerse la expresión. La vida se apodera de ellas y las utiliza, aun cuando se hiera de este modo a sí misma. Hay jóvenes que se han suicidado porque lo hizo Rolla, hay otros que se han dado muerte porque lo hizo Werther. Piensa en lo que debemos a la imitación de Cristo, en lo que debemos a la imitación de César.

CYRIL.—La teoría es ciertamente muy curiosa, pero para completarla debes demostrar que la naturaleza, tanto como la vida, es una imitación del arte. ¿Estás pronto a probarlo?

VIVIAN.—Querido amigo, estoy pronto a probar cualquier cosa.

CYRIL.—¿De modo que la naturaleza imita al paisajista y toma de él sus efectos?

VIVIAN.—Ciertamente. ¿De dónde, sino de los impresionistas, obtenemos esas maravillosas brumas pardas que se arrastran por nuestras calles, empañando los faroles a gas y transformando las casas en monstruosas sombras? ¿A quién, sino a ellos y sus maestros, debemos las bellas nieblas de plata que se ciernen meditativamente sobre nuestro río y convierten en tenues formas de esfumada gracia el curvo puente y la ondulante barcaza? El extraordinario cambio operado en el clima de Londres durante estos últimos diez años se debe enteramente a determinada escuela de arte. Sonríes. Medita el asunto desde un punto de vista científico o metafísico y verás que tengo razón. Porque..., ¿qué es la naturaleza? La naturaleza no es la gran madre que nos ha engendrado. Es nuestra creación. Es en nuestro cerebro donde resucita a la vida. Las cosas son porque las vemos y lo que vemos y cómo lo vemos depende de las artes que han influido sobre nosotros. El mirar una cosa es muy distinto del ver una cosa. Nada se ve mientras no se percibe su belleza. Entonces —y sólo entonces— comienza una cosa a existir. Actualmente la gente ve niebla, no porque haya niebla, sino porque los poetas y pintores le han enseñado la misteriosa belleza de esos efectos. Quizá haya habido nieblas en Londres por espacio de siglos. Me atrevería a afirmarlo. Pero nadie las vio, y por eso nada sabíamos de ellas. No existían hasta que el arte las inventó. Ahora, hay que reconocerlo, las nieblas han sido llevadas a la exageración. Se han convertido en el simple amaneramiento de un círculo, y el exagerado realismo de su método le causa bronquitis a la gente vulgar. Allí donde la gente culta pesca un efecto la gente inculta pesca un resfrío. De modo que seamos humanitarios e invitemos al arte a volver sus maravillosos ojos a otra parte. En realidad, lo ha hecho ya. Ese resplandor solar, blanco y trémulo, que se ve ahora en Francia, con sus extrañas manchas color malva y sus inquietas sombras violáceas, constituye su último capricho, y, en general, la naturaleza lo reproduce de un modo admirable. Donde ésta solía darnos Corots y Daubignys nos da ahora exquisitos Monets y seductores Pissarros. En verdad, hay momentos —raros, es cierto, pero que se observan de vez en cuando— en que la naturaleza se vuelve absolutamente moderna. Desde luego, no siempre es digna de confianza. El caso es que está en una situación muy lamentable; la siguiente: El arte crea un efecto incomparable y único, y, después de haberlo hecho, se dedica a otras cosas. La naturaleza, en cambio, olvidando que la imitación puede convertirse en la forma más sincera del insulto, sigue repitiendo ese efecto hasta que nos sentimos absolutamente cansados de él. Nadie que posea verdadera cultura, desde luego, habla hoy jamás de la belleza de un crepúsculo. Los crepúsculos son completamente anticuados. Pertenecen a la época en que Turner era el *dernier cri* en arte. Admirarlos es una inequívoca señal de provincialismo en un temperamento. Por otra parte, son fugaces. En la tarde de ayer, la señora Arundel insistió en que yo me acercara a la ventana y mirara el magnífico cielo, como lo llamaba ella. Naturalmente, tuve que mirarlo. La señora Arundel es una de esas filisteas absurdamente bonitas, a quienes nada se puede negar. ¿Y qué era aquello? Simplemente, un Turner muy de segundo orden, un Turner de un mal período, con los peores defectos del pintor exageradísimos y muy acentuados. Desde luego, estoy dispuesto a reconocer que la vida suele cometer a menudo el mismo error. Produce sus falsos Renés y sus Vautrin postizos, del mismo modo que la naturaleza nos da tal día un dudoso Cuyp, y tal otro, un Rousseau más discutible aún. Con todo, la naturaleza nos irrita más aún cuando hace cosas semejantes. Esto parece tan estúpido, tan evidente, tan innecesario... Un falso Vautrin puede ser delicioso. Un Cuyp dudoso es insoportable. Pero no quiero ser demasiado cruel con la naturaleza. Querría que el canal de la Mancha, sobre todo en Hastings, no se pareciera tan a menudo a un Henry Moore gris perla, con luces amarillas; pero más adelante, cuando el arte sea más variado, la naturaleza, sin duda, será más variada también. Creo que ni aun el peor de sus enemigos negaría ahora que la naturaleza imita al arte. Eso es lo único que la mantiene en contacto con el hombre civilizado. Pero... ¿he probado mi teoría a tu satisfacción?

CYRIL.—La has probado a mi insatisfacción, lo cual es mejor. Pero aun admitiendo ese extraño instinto imitativo en la vida y la naturaleza, reconocerás seguramente que el arte expresa el tono de su época, el espíritu de su tiempo, las condiciones sociales y morales que lo rodean y bajo cuyas influencias se produce.

VIVIAN.—¡No por cierto! El arte nunca expresa a otra cosa que a sí mismo. Éste es el principio de mi nueva estética: y esto, más que cualquier relación vital entre la forma y la sustancia, en que se detiene el señor Pater, es lo que hace básico el tipo de todas las artes.

Desde luego, las naciones y los individuos, con esa sana vanidad natural que es el secreto de la existencia, están siempre bajo la impresión de que las Musas hablan de ellos, tratan siempre de hallar en la serena dignidad del arte imaginativo algún espejo de sus propias turbias pasiones, olvidando que el cantor de la vida no es Apolo, sino Marsias. Alejado de la realidad, y con los ojos apartados de las sombras de la caverna, el arte revela su propia perfección, y la atónita multitud que mira abrirse la rosa maravillosa de los muchos pétalos imagina que es su propia historia la que le cuentan, que es su propio espíritu el que halla expresión en una forma nueva. Pero no es así. El arte más elevado rechaza la carga del espíritu humano y gana más con un instrumento nuevo o un material fresco que con cualquier entusiasmo por el arte, o cualquier excelsa pasión o cualquier gran despertar de la conciencia humana. Se desarrolla, pura y simplemente, siguiendo sus propios lineamientos. No simboliza época alguna. Es la época quien es su símbolo.

»Hasta quienes sostienen que el arte es representativo de tiempo, lugar y personas no pueden negar que cuanto más imitativo es un arte tanto menos representa para nosotros el espíritu de su época. Los perversos rostros de los emperadores romanos nos miran desde el sucio pórfido y el manchado jaspe en que se complacían en trabajar los realistas artistas de esa época, y creemos que en esos crueles labios y pesadas mandíbulas sensuales podemos hallar el secreto de las ruinas del imperio. Pero no fue así. Los vicios de Tiberio no pudieron destruir esa superior civilización, como tampoco salvarla las virtudes de los Antoninos. Cayó por otras razones mucho menos interesantes. Las sibilas y los profetas de la Sixtina podrán interpretar quizá, para algunos, el nuevo nacimiento de ese emancipado espíritu que llamamos el Renacimiento, pero... ¿qué nos dicen los rústicos borrachos y vociferantes campesinos de la pintura holandesa sobre la gran alma de Holanda? Cuanto más abstracto y más ideal es un arte tanto más nos revela la tonalidad de su tiempo. Si queremos comprender a una nación por medio de su arte, miremos su arquitectura o su música.

CYRIL.—En eso estoy completamente de acuerdo contigo. El espíritu de una época puede expresarse mejor en las artes ideales abstractas, porque el propio espíritu es abstracto e ideal. Por otra parte, para conocer el aspecto visible de una época, su fisonomía, por así decirlo, debemos dirigirnos desde luego a las artes de la imitación.

VIVIAN.—No lo creo. Después de todo, lo que nos dan en realidad las artes imitativas son simplemente los diversos estilos de determinados artistas o de ciertas escuelas de artistas. Sin duda, no supondrás que la gente de la Edad Media tenía alguna semejanza con las figuras de los vidrios de colores medievales, o con el tallado en piedra y madera medieval, o con el trabajo en metal medieval, o con los tapices o los manuscritos iluminados. Se trataba, probablemente, de gente de aspecto muy corriente, con nada de grotesco o notable o fantástico en su apariencia. La Edad Media, tal como la conocemos en el arte, es simplemente una forma definida de estilo, y no hay motivo alguno para que un artista con ese estilo no sea exhibido en el siglo XIX. Ningún gran artista ve las cosas tales como son realmente. Si lo hiciera dejaría de ser un artista. Tómese un ejemplo en nuestra propia época. Sé que te gustan las cosas japonesas.

Y bien..., ¿crees realmente que los japoneses existen tales como nos han sido presentados en el arte? Si es así, nunca has entendido el arte japonés. El pueblo japonés es la creación deliberada y consciente de ciertos artistas individuales. Si colocas un cuadro de Hokusai o de Hokkei, o de alguno de los grandes pintores nativos, junto a un caballero o dama japonesa auténticos, verás que entre aquéllos y éstos no existe la más leve semejanza. El verdadero pueblo que vive en el Japón no difiere de la generalidad y del pueblo inglés: esto es, está integrado por gente muy vulgar y que nada tiene de curioso o extraordinario. En realidad, todo el Japón es invención pura. No hay tal país, no hay tal pueblo. Uno de nuestros más fascinantes pintores fue hace poco al País del Crisantemo con la loca esperanza de ver a los japoneses. Todo lo que vio, todo lo que tuvo la suerte de pintar fueron unas cuantas linternas y algunos abanicos. Fue absolutamente incapaz de descubrir a los habitantes, como nos lo mostró harto a las claras su deliciosa exposición en la Galería de los señores Dowdeswell. Dicho pintor ignoraba que los japoneses son, como lo he dicho, simplemente un modo del estilo, un exquisito capricho del arte. De modo que, si quieres ver un efecto japonés, no debes portarte como un turista e ir a Tokio. Por el contrario: debes quedarte en casa y concentrarte en la obra de ciertos artistas japoneses, y luego, cuando hayas asimilado el espíritu de su estilo y captado su imaginativa manera de ver, debes ir a sentarte alguna tarde en el Parque o pasear por Piccadilly, y si no logras ver allí un efecto absolutamente japonés no lo verás en sitio alguno. O, para volver al pasado, tomemos, como un ejemplo más, a los antiguos griegos. ¿Crees que el arte griego nos dice siempre cómo eran los griegos? ¿Crees que la mujer ateniense era como las majestuosas y dignas figuras del friso del Partenón, o como esas maravillosas diosas que se sentaban en los frontones triangulares del mismo edificio? Si juzgas, basado en el arte, así era, en efecto. Pero lee a una autoridad en la materia, como Aristófanes, por ejemplo. Verás que las mujeres atenienses se ajustaban en forma muy ceñida, usaban zapatos de tacón alto y eran exactamente iguales a cualquier tonta mujer elegante o caída de nuestra época. El caso es que evocamos los tiempos exclusivamente mediante el instrumento del arte; y el arte, por suerte, jamás nos ha dicho la verdad.

CYRIL.—Pero... ¿y los retratos modernos de los pintores ingleses? Supongo que deben parecerse a la gente que pretenden representar..., ¿verdad?

VIVIAN.—Exactamente. Se le parecen tanto que dentro de cien años nadie creerá en ellos. Los únicos retratos en que se cree son los retratos en que hay muy poco del que posa y mucho del artista. Los dibujos en que Holbein representa a los hombres y mujeres de su tiempo nos transmite la sensación de un absoluto realismo. Pero esto se debe, simplemente, a que Holbein obligó a la vida a aceptar sus condiciones, a restringirse dentro de sus limitaciones, a reproducir su tipo y a tener la apariencia que él quería. Es su estilo el que nos hace creer en una cosa, nada más que su estilo. La mayoría de nuestros retratistas modernos están condenados al olvido absoluto. Nunca pintan lo que ven. Pintan lo que ve el público, y el público jamás ve nada.

CYRIL.—Bueno. Después de esto creo que me agradaría conocer el final de tu artículo.

VIVIAN.—Con mucho gusto. Ignoro si mi artículo

servirá de algo. Nuestro siglo es, ciertamente, el más embotado y prosaico de los siglos posibles. ¡Si hasta el Sueño nos ha jugado una mala pasada, cerrándonos las puertas de marfil y abriéndonos las de cuerno! Los sueños de las grandes clases medias de este país, tales como han sido registrados en los dos voluminosos tomos del señor Myers que versan sobre el tema y en las actas de la Sociedad Psíquica, son las cosas más deprimentes que yo haya leído. Entre ellas no figura siquiera una hermosa pesadilla. Son vulgares, mezquinos y tediosos. En cuanto a la Iglesia, no puedo concebir nada mejor para la cultura de un país que la presencia en ella de un cuerpo de hombres cuyo deber es creer en lo sobrenatural, ejecutar milagros a diario y mantener viva esa facultad creadora de mitos, esencial para la imaginación. Pero en la Iglesia anglicana un hombre triunfa, no merced a su capacidad para creer, sino merced a su capacidad para no creer. La nuestra es la única Iglesia en que el escéptico está en el altar y donde santo Tomás es considerado el apóstol ideal. Muchos dignos clérigos, que dedican su vida a admirables obras de bondadosa caridad, viven y mueren ignorados y desconocidos; pero basta que cualquier superficial e inculto seminarista de cualquiera de las universidades suba a su púlpito y exprese sus dudas sobre el arca de Noé, o la burra de Balaam, o Jonás y la ballena, para que la mitad de Londres se congregue a oírlo y quede boquiabierta en extática admiración ante su soberbio intelecto. El desarrollo del sentido común en la Iglesia anglicana es algo muy lamentable. Constituye, en realidad, una degradante concesión a una baja forma de realismo. Tonta, por lo demás. Significa un desconocimiento total de la psicología. El hombre puede creer en lo imposible, pero no puede creer en lo improbable. Con todo, debo leer el final de mi artículo:

«Lo que debemos hacer, lo que, al menos, es nuestro deber hacer, es resucitar el viejo arte de la mentira. Mucho puede hacerse desde luego, en cuanto a la educación del público, por los aficionados en el círculo doméstico, en los almuerzos literarios y en los tés. Pero éste es simplemente el aspecto leve y amable de la mentira, tal como el oído, según todas las probabilidades, en las cenas cretenses. Hay muchas otras formas. Mentir para obtener algún beneficio personal inmediato, por ejemplo —la mentira con un fin moral, como se la llama habitualmente—, aunque en estos últimos tiempos haya sido mirada con cierto desdén, era algo muy popular en el mundo antiguo. Atenas ríe cuando Odiseo le cuenta sus "palabras de astuto maquinador", como lo expresa el señor William Morris, y la gloria de la mendacidad ilumina la pálida frente del inmaculado protagonista de la tragedia de Eurípides y sitúa entre las mujeres nobles del pasado a la joven prometida de una de las odas más exquisitas de Horacio. Más tarde, lo que fuera simplemente al principio un instinto natural, fue elevado a la categoría de una ciencia consciente de sí misma. Se establecieron concienzudas normas para guía de la humanidad y se desarrolló en torno al tema una importante escuela literaria. En realidad, cuando se recuerda el excelente tratado filosófico de Sánchez sobre la materia, se lamenta forzosamente el que nadie haya pensado nunca en publicar una edición barata y condensada de las obras de ese gran casuista. Una breve cartilla titulada *Acerca de cuándo se debe mentir y cómo*, si es presentada en forma atrayente y no demasiado costosa, tendría sin duda una gran venta y resultaría de verdadera utilidad práctica para mucha gente seria y reflexiva. La mentira para el mejoramiento de la juventud, que es la base de la educación familiar, perdura aún entre nosotros, y sus ventajas están expuestas tan admirablemente en los primeros libros de *La República* de Platón que es innecesario detenerse mucho en ella aquí. Es un modo de mentir para el cual todas las buenas madres reúnen facultades peculiares, pero es susceptible de un desarrollo mayor aún, y esto se le ha pasado por alto lamentablemente al Consejo Escolar. La mentira por un sueldo mensual es bien conocida, desde luego, por Fleet Street, y la profesión de dirigente-escritor político no carece de ventajas. Pero dícese que se trata de una tarea algo opaca, y la misma no lleva muy lejos, ciertamente, fuera de proporcionar una suerte de llamativa oscuridad. La única forma de mentir absolutamente irreprochable es el mentir por mentir, y la forma más elevada de esto es, como lo hemos señalado ya, la Mentira en el Arte. Así como aquellos que no aman a Platón más que a la Verdad no pueden franquear el umbral de la Academia, así también los que no aman a la Belleza más que a la Verdad no conocen el santuario íntimo del Arte. El sólido y estólido intelecto británico yace en las desiertas arenas como la Esfinge en el maravilloso relato de Flaubert, y la fantasía, *La Chimère*, baila a su alrededor y la llama con su voz desafinada y de falsete. El intelecto británico podrá no oírla ahora, pero sin duda algún día, cuando todos estemos mortalmente aburridos del carácter vulgar de la ficción moderna, le dispensará atención y tratará de tomar en préstamo sus alas.

»Y cuando alboree ese día o enrojezca el crepúsculo vespertino..., ¡qué alegría sentiremos! Los Hechos serán considerados vergonzosos, se verá a la Verdad de duelo sobre sus grilletes, y el romanticismo, con su estado de ánimo pronto a la maravilla, volverá a la tierra. El aspecto mismo del mundo cambiará para nuestros asombrados ojos. Behemot y Leviatán surgirán del mar y nadarán alrededor de las galeras de alta popa, como lo hacen en los deliciosos mapas de esa época, en que los libros sobre geografía eran realmente legibles. Los dragones vagan por las regiones desérticas y el fénix se remonta a los aires desde su nido de fuego. Pondremos nuestras manos sobre el basilisco y veremos la gema en la cabeza del sapo. En nuestras caballerizas estará el hipogrifo mordisqueando su dorada avena, y sobre nuestras cabezas se cernirá el Pájaro Azul, cantando sobre cosas bellas e imposibles, que no son y debieran ser. Pero antes de que esto ocurra debemos cultivar el olvidado arte de la mentira».

CYRIL.—Entonces, debemos cultivarlo plenamente de inmediato. Pero, a fin de evitar todo error, quiero que me expongas en forma sucinta las doctrinas de la nueva estética.

VIVIAN.—En pocas palabras, son las siguientes: El arte nunca expresa más que a sí mismo. Tiene una línea independiente, como el Pensamiento, y se desarrolla tan sólo siguiendo sus propios lineamientos. No es necesariamente realista en una edad de realismo, ni espiritual en una edad de fe. Lejos de ser la creación de su tiempo, está habitualmente en oposición directa a éste, y la única historia que conserva para nosotros es la de su propio progreso. A veces vuelve sobre sus pasos y resucita alguna forma antigua, como sucediera en el movimiento arcaico del arte griego de los últimos tiempos y en el movimiento prerrafaelista de nuestra época.

154

En otros casos preludia íntegramente su época y produce en un siglo obras para cuya comprensión, valuación o disfrute se requiere otro siglo. En ningún caso imita a su época. El paso del arte de un tiempo al tiempo mismo es el gran error que cometen todos los historiadores.

»La segunda doctrina es la siguiente: Todo mal arte proviene del retorno a la vida y a la naturaleza y a la circunstancia de que éstos son convertidos en ideales. La vida y la naturaleza pueden ser usadas a veces como parte de la materia prima del arte, pero antes de ser de auténtica utilidad para el arte deben ser traducidas a convencionalismos artísticos. Apenas renuncia el arte a su instrumento imaginativo, renuncia a todo. Como método, el realismo constituye un fracaso absoluto, y las dos cosas que debe evitar todo artista son la modernidad de la forma y la modernidad del tema. Para nosotros, que vivimos en el siglo XIX, cualquier siglo es un tema adecuado para el arte, salvo el nuestro propio. Las únicas cosas bellas son las que no nos interesan. Y las penas de Hécuba —para tener el placer de citarme a mí mismo— son temas tan adecuados para una tragedia precisamente porque Hécuba nada significa para nosotros. Además, sólo lo moderno llega a tornarse anticuado. M. Zola se detiene para darnos un cuadro del Segundo Imperio. ¿A quién le interesa ahora el Segundo Imperio? Es algo anticuado. La vida es más veloz que el realismo, pero el romanticismo se adelanta siempre a la vida.

»La tercera doctrina es que la vida imita al arte más de lo que el arte imita a la vida. Esto resulta no sólo del instinto imitativo de la vida, sino del hecho de que el objetivo consciente de la vida es hallar una expresión, y que el arte le ofrece ciertas bellas formas mediante las cuales puede realizar esa energía. Es una teoría que nunca ha sido expuesta hasta ahora, pero que es muy fructífera y proyecta una luz enteramente nueva sobre la historia del arte.

»De esto se sigue como corolario que la naturaleza externa imita también al arte. Los únicos efectos que aquélla puede mostrarnos son los que hemos visto ya por medio de la poesía o en los cuadros. Éste es el secreto del encanto de la naturaleza, así como de la explicación de las debilidades de la naturaleza.

»La revelación final es que la Mentira, el decir bellas cosas inciertas, constituye el objetivo final del arte. Pero creo haberme referido a esto con suficiente extensión. Y ahora salgamos a la terraza, donde «languidece el pavo real de lechosa blancura, tal un fantasma», mientras la estrella vespertina «lava la tiniebla con plata». A la hora del crepúsculo la naturaleza se convierte en un efecto maravillosamente sugestivo y no carece de belleza, aunque quizá su utilidad principal consista en ejemplificar citas de poetas. ¡Ven! Ya hemos hablado bastante.

Austral Esenciales reúne las obras más emblemáticas de la literatura y el pensamiento universal, indispensables en la biblioteca de cualquier lector, en un formato reducido.

TÍTULOS DE LA COLECCIÓN